느낌은 어떻게
삶의 힘이 되는가

분노, 슬픔, 두려움, 기쁨, 수치심을 나를 위해 사용하는 법

느낌은 어떻게 삶의 힘이 되는가

The Power of Feelings

비비안 디트마 지음 | 정채현 옮김

한국NVC출판사

차례

Part1   다섯 가지 느낌의 힘

Part2   무엇이 감정지능을 가로막는가

Part3   살아 있는 느낌

부록

이 책은 당신의 느낌을 이해하는 방식을 근본에서 변화시키는 잠재력을 지니고 있다. 지난 몇 년 간 나는 이 책에 담긴 통찰을 개인 대 개인으로, 그리고 세미나와 전문가 훈련에서 많은 사람과 나눴다. 그 결과, 사람들이 자기 느낌에 관해 새롭게 알게 되면서 커다란 변화를 경험하는 것을 보았다. 느낌에 관한 새로운 앎으로 그들은 더 명료하고 지혜로운 삶, 더 생생하며 진정성과 사랑이 넘치는 삶을 살았다. 나는 그들의 인간관계가 어떻게 변화하는지 보았고 어떻게 더 깊은 수준에서 삶과 만나는지 목격했다.

그들은 자신들이 겪은 변화 중 많은 부분이 이 책에 소개한 내용 덕분이라고 말했다. 이 책의 어떤 부분은 여러 스승에게서 나에게로 전해졌는데 그 분들 역시 자신의 스승들로부터 통찰을 얻었다. 내 안의 느낌을 깊이 파고들자 다른 부분들도 조금씩 모습을 드러냈다. 일단 이 앎을 사람들에게 전해야겠다고 마음먹자 나는 느낌에 관해 점점 더 분명히 이해하게 되었다.

'학생이 교사를 가르친다'는 주장은 지금껏 수도 없이 많았다. 나의 경험으로 보아도 이 말은 더없이 진실이다. 학생, 세미나 참가자, 견습생, 고객들 덕분에 나는 느낌이 가진 신비를 더 분명하게 꿰뚫어보았다. 이 책에는 이런 통찰의 만화경, 내적 앎의 모자이크가 담겨 있다. 이 책은 당신 내면의 '느낌'이라는 이국땅에 들어가는 여행 안내서다. 당신 안의 어떤 느낌은 당신에게 익숙할 것이고, 어떤 느낌은 새롭고 낯설 것이다. 어쨌든 자신의 느낌을 깊이 들여다본다면 당신이 그토록 꺼리던 장소에서 매혹적인 신비와 만날 것이다.

다른 안내서와 마찬가지로 이 안내서도 실제 여행을 대신하지는 못한다. 이 안내서 역시 다른 안내서처럼 잠깐의 경험을 선사할 뿐이며 이런 책들이 그렇듯 각 부분을 반복해 읽어야 한다. 새로 읽을 때마다 전에 지나친 부분을 새로 알게 될 것이다. 런던 여행서를 집에서 읽는 것과 런던의 히드로공항에 도착해 읽는 것은 완전히 다르다. 버킹엄궁 앞에서 읽는다면 더욱 다를 것이다. 집에 있을 땐 꿈에도 몰랐던 세세한 부분의 중요성이 불현듯 드러날 것이다.

이 책도 마찬가지다. 책의 내용이 자신과 관련 있다고 느껴 제대로 이해하고 싶다면 읽고 또 읽어보길 권한다. 내면으로 들어가는 탐험에 나설 준비가 되었다면 이 책은 당신 안의 숨은 보물, 즉 '느낌'이라는 내면의 힘에 들어가는 열쇠를 쥐어줄 것이다.

2007년 10월 뮌헨
비비안 디트마

이 책의 초판에 서문을 쓴 지 거의 7년이 지났다. 이후 많은 일이 일어났다. 홍보라고 해봐야 사람들끼리 권하는 정도가 전부였지만 책은 놀라운 성공을 거두었다. 책이 독자들의 호응을 얻으면서 많은 사람이 시간을 내어 내게 편지를 쓰고 책에 대한 고마움을 전했다. 책이 얼마나 큰 도움이 되었는지, 이 책 덕분에 얼마나 많은 부분이 명료해졌는지, 주변사람에게 이 책을 선물하는 일이 얼마나 뿌듯했는지 직접 들려주었다.

이런 일이 나를 기쁘게 한 건 물론이다. 컴퓨터에 타이핑한 검정색의 작은 글자가 사람들의 머릿속에 막혀 있던 물길을 터주는 걸 보며 나는 아직도 놀라고 있다. 인생을 살아오며 다른 작가들로부터 그런 선물을 자주 받았던 나는 그것이 얼마나 소중한 선물인지 너무도 잘 안다!

하지만 책을 수정할 용기를 낸 것은 사람들의 긍정적인 피드백 때문만은 아니었다. 멀쩡해 보이는 글을 왜 굳이 바꾼단 말인가? 심지어 수정 중에 자칫 본문을 훼손하지나 않을까 걱정도 되었다.

내 친구 카이라 야나 그레버와 나는 이 책을 쓴 뒤에 느낌에 관해 더 많이 배웠음을 깨달았다. 그걸 깨닫고 나서야 비로소 책을 개정할 때가 되었다는 통찰에 이르렀다. 이 통찰은 내가 『부모를 위한 감정지능 안내서 A Parent's Guide to Emotional Intelligence』를 쓰던 봄에 찾아왔다. 분명한 것은 이 책 『느낌은 어떻게 삶의 힘이 되는가 The Power of Feelings』가 출간된 뒤 우리 두 사람은 각자의 방식으로 이 주제를 지칠 줄 모르고 탐구해 왔다는 사실이다. 세미나 참가자, 친구와 가족 모임, 매니저 교육에 참석한 중역들과의 상호 작용을 통해 탐구했다. 이 과정에서 우리 두 사람은 많은 것을 깨달았고, 자연스레 우리가 깨달은 내용을 독자들에게 알려주고 싶었다!

이런 통찰을 얻긴 했지만 일은 생각처럼 빠르게 진행되지 못했다. 나는 인간관계에서 성숙해가는 과정에 관한 책을 쓸 계획이었는데, 이 책을 개정하는 데 시간을 내자면 그 계획을 보류하지 않을 수 없었다. 세상에 이런 일이! 꼬박 석 달 만에 나는 개정판의 첫 번째 교정쇄를 들고 여기 앉아 시험 독자들의 피드백을 간절히 기다리고 있다.

예비 독자들이 뭐라고 하건, 벌써 한 가지가 나를 행복하게 한다. 이 책을 다시 쓰는 동안 느낌의 힘이 가진 본성을 다루는 새롭고 건설적인 방법에 관한 중요한 통찰을 나 자신이 얻었다는 사실이다. 많은 부분이 명료해졌고 이 명료함이 나를 기쁨으로 가득 채웠다.

내가 느끼는 느낌을 더 잘 설명할 수 있다면 함께 가는 이들에게 더 훌륭한 안내서를 제공할 수 있을 것이다. 내가 줄 수 있는 가장 좋은 안내서는 당신이 지금 손에 든 이 책이다. 아무쪼록 책을 읽는 즐거움과 더불어 느낌의 세계로 들어가는 멋진 여행을 마음껏 누리기 바란다.

2014년 8월, 남南 티롤

비비안 디트마

느낌은 어떻게 삶의 힘이 되는가

들어가며

느낌이란 무엇인가

우리는 일상에서 느낌feeling이라는 말을 자주 사용한다. 하지만 실제로 그것이 가리키는 바는 다소 모호하다. "네가 거짓말한다는 느낌이 들어." "이제 네게 아무 느낌이 없어." 같은 표현은 '느낌'이라는 같은 단어를 쓰지만 전혀 다른 상황을 나타낸다.

다양해 보이긴 해도 '느낌'이라는 말로 묘사하는 현상에는 한 가지 공통점이 있다. 누가 뭐라 해도 느낌은 분명히 존재한다는 사실이다. 느낌은 머리로 해석한 결론도 아니고, 명료하게 인지할 수 있는 법칙도 아니다. 머리로 파악하기 힘든 거의 모든 현상을 가리킬 때 우리는 '느낌'이라는 단어를 사용한다.

따라서 우리 대부분은 '느낌'이라는 말 뒤에 헤집고 들어가기 힘든 신비로운 정글과 덤불이 도사리고 있다고 짐작한다. 느낌을 살펴

느낌은 어떻게 삶의 힘이 되는가

보는 것은 원시 의례를 행하는 낯설고 위험한 나라에 들어가는 것처럼 느껴진다. 거기에 들어가는 것은 말할 것도 없고 느낌이라는 세계를 면밀히 살펴보는 것마저 피해야 할 것 같다.

"나 기분 안 좋아." "나 기분 너무 좋아." 같은 표현은 우리가 주변 사람에게 흔히 전하는 강렬한 감정 표현 중 하나이다. 그러나 그 밖의 다른 느낌들은 헤집고 들어가기 힘든 내면의 깊은 밀림에 싸인 채 어둠에 잠겨 있다.

우리 내면의 힘으로 들어가는 열쇠인 느낌을 드러내고 싶은가? 그렇다면 먼저 '느낌'이라는 단어에 씌운 베일을 벗겨야 한다. '느낌'이라는 말의 뒤를 들여다보며 거기에 무엇이 숨어 있는지 살펴야 한다. 우리가 '느낌'이라는 말을 쓸 때 실제로 가리키는 바는 무엇일까? 지금껏 '느낌'이라는 단어로 편리하게 뭉뚱그린 수많은 비합리적 현상을 구분하는 방법은 없을까?

구분하면 명료해진다

일단 느낌이라는 단어에 덮인 베일을 벗겨 그 뒤를 자세히 들여다보면 새로운 영토에 들어갈 수 있다. 새로운 영토에 들어가면 거기서 마주하는 다양한 현상을 구별해야 하는데 그러자면 새롭게 용어를 정의할 필요가 생긴다.

밀림의 법칙은 기꺼이 시간을 내어 자세히 들여다보려는 사람에게만 모습을 드러낸다. 원시사회의 무법지대가 가만히 들여다보면 놀랄 만큼 분명한 여러 원칙에 따라 균형을 이루고 있는 민감한 생물권이라는 사실이 드러난다.

'느낌'이라는 단어의 뒤에 무엇이 숨어 있는지 보려면 일정한 구분을 짓는 데서 시작해야 한다. 어떤 현상에 어떤 단어를 사용할지 정해야 하는 것이다. 가령, 새로운 나라를 탐험하며 발견한 산의 이름을 말할 때 기존의 대륙명을 아는 것으로는 소용이 없다.

나는 우리가 가진 감각을 다섯 개의 큰 범주로 구분할 것이다. 여기서 다섯 개의 감각 범주에 대해 간단히 설명한다. 이 목록은 내가 사용하는 용어의 개요를 보이고 '느낌'이라는 단어가 가리키는 바를 명확히 하려는 것이다.

1. 신체감각

신체감각은 시각, 청각, 후각, 미각, 촉각의 다섯 감각을 가리킨다. 그리고 '느낌'이라는 단어는 일반적으로 촉각과 신체통증에만 사용된다. 신체통증에 관해서는 뒤에서 자세히 살핀다.

2. 생물학적 프로그램

이 책에서 생물학적 프로그램이란 우리가 지니고 있는 동물적 본성을 가리키는 데 사용하는 용어다. 배고픔, 목마름, 성적 흥분, 질투, 탐욕, 시기, 모성본능, 격분, 생물학적 두려움, 공격성 등 충동에서 비롯하는 감각 범주를 말한다.

'본능'이라고도 할 수 있는 생물학적 프로그램은 우리의 신체 시스템을 강렬한 감각으로 채운다. 이 강렬한 감각은 우리가 가진 동물적 본성이 명령하는 바를 그대로 따른다. 생물학적 프로그램은 사회, 도덕, 윤리 기준에서 적절하다고 여기는 바와 극명한 대조를 이룬다. 생물학적 프로그램의 과업은 우리의 생물학적 생존을 보장하는 것이다. 그것은 우리를 행복하고 관대하고 자비롭게 만들거나 사회적 유능함을 키우는 것과는 상관이 없다. 그저 우리의 생존과 번식을 보장하는 것이 생물학적 프로그램의 목적이다.

3. 사회적 힘으로서의 느낌(순수한 느낌)

생물학적 프로그램과 달리 '순수한 느낌'이라고도 부르는 감각은 주변 사람과 관계를 맺도록 돕는 것이 주요 임무다. '순수한 느낌'이라는 감각은 사회적 힘으로서, 한 사람에게서 생물학적 프로그램보다 이후에 발달하며 동물에게서는 가장 초보적인 형태로만 발견된다. 순수한 느낌에는 분노, 슬픔, 두려움, 기쁨, 수치심이 있다. 이 느낌들이 모여 '감정 나침반'을 형성하는데, 감정 나침반의 도움으로 우리는 대인관계에서 마주치는 여러 상황에 적절히 대처할 수 있다. 사회적 힘으로서의 느낌이라는 감각은 우리가 한 사람의 개인으로 세상과 동료 인간과의 관계 속에 들어가는 도구다. 사회적 힘으로서의 느낌과 생물학적 프로그램을 구별할 필요가 있는데 이것은 각각의 기능에 따라 이 둘을 적절히 다루는 데 중요하기 때문이다.

4. 감정

이 책에서 감정emotion은 축적되고 막혀 해소되지 못한 느낌을 가리키는 용어다. 감정은 순수한 분노, 슬픔, 두려움, 기쁨, 수치심의 형태로 일어나기도 하고, 이 느낌들이 다양하게 결합된 형태로 일어나기도 한다. 이른바 '감정적 고통'은 감정이 쌓이고 쌓일 때 일어나는 증상이다. 제대로 느끼지 못한 나머지, 우리에게 도움이 되는 힘으로 작용하지 못하는 느낌을 '감정'으로 부르기로 한다.

5. 마음의 능력 또는 의식 상태

사랑, 연민, 헌신, 수용, 신뢰는 모두 '마음의 능력' 또는 '의식 상태'라고 부르는 현상이다. 이런 마음의 현상들 역시 '느낌'이라고 할 수 있지만 내가 보기에 이것은 특정한 의식 상태에 들어가는 능력을 뜻한다. 마음의 능력과 의식 상태를 키우는 데 전념할 때 우리는 그것을 얻을 수 있다.

다섯 가지 감각

1. 신체감각
2. 생물학적 프로그램
3. 사회적 힘으로서의 느낌(순수한 느낌)
4. 감정
5. 마음의 능력 또는 의식 상태

느낌은 어떻게 삶의 힘이 되는가

이 책은 위의 다섯 가지 감각 가운데 3. 순수한 느낌과 4. 감정을 탐구하는 데 중점을 둔다. 1부는 분노, 슬픔, 두려움, 기쁨, 수치심의 다섯 가지 기본 느낌에 관해 상세히 설명하고, 2부는 우리가 감정 차원의 질병과 불균형을 키우는 과정을 살펴본다. 3부에서는 감정 차원의 불균형을 단계적으로 치유하는 법과 우리의 삶에서 느낌을 힘으로 활용할 수 있는 방법에 대해 알아본다. 2. 생물학적 프로그램과 5. 마음의 능력 또는 의식 상태에 대해서는 부록에서 간단히 다룬다.

Part 1

다섯 가지 느낌의 힘

The Five Powers of Feelings

분노, 슬픔, 두려움, 기쁨, 수치심의 다섯 가지 느낌
이 우리 몸에 일어나는 다른 감각과 가장 다른 점은
이 느낌들을 '힘'으로 활용할 수 있다는 점이다. …
이 느낌들은 우리 삶에서 중요한 기능을 수행하는
힘으로 드러난다. 모든 느낌은 우리가 특정 활동을
수행하고 우리의 심리 과정을 적절히 처리하는 데
도움을 준다.

✳

느낌을 탐구하는 것은 모험이다. 대부분의 사람에게 자신의 느낌을 들여다본다는 것은 자기 내면에 존재하는 미지의 영역에 들어가는 여행과 같다. 우리는 걸핏하면 느낌을 회피하며 산다. 느낌의 영역에 들어가려고 의식적으로 노력하는 일이 드물다. 우리는 지금 그런 느낌의 영역으로 들어가려 한다. 우리는 내면의 느낌이라는 정글의 심장부로 들어가고 있다! 우리 안의 두려움보다 더 우리를 떨리게 하는 것이 있을까? 우리 내면의 분노보다 더 위험한 게 있을까? 우리 내면의 깊고 진정한 기쁨보다 충족감을 선사하는 감각이 또 있을까? 슬픔은 깊은 차원에서 자신과 만나는 데 최고의 기량을 발휘한다. 자신의 느낌을 들여다보는 과정에서 우리는 내면의 낯선 땅에 숨겨진 채 우리가 오래도록 찾던 그것을 발견할 수 있다!

어떤 이에게는 오랫동안 찾던 그것이 단호하게 결정하고 행동하는 능력, 명료함을 발견하는 능력일 수 있다. 또 어떤 사람에게는 창조성 또는 삶을 즐기는 능력일 수 있다. 아니면 진정으로 살아 있다고 느끼는 짜릿함일 수도 있다. 많은 사람이 자신의 느낌을 들여다보는 과정에서 예상치 않게 자신의 가슴으로 들어가는 문을 발견한다. 의식하지 못해도 '중요한 어떤 것'에 다가간다는 어렴풋한 감을 얻는다. 그런데 느낌이라는 내면의 미지의 영토로 들어가려면 용기가 필요하다. 기꺼이 변화하고자 하는 진심 어린 마음이 요구된다.

누구나 자기 몸에서 느껴지는 감각과 의식적으로 연결하는 법을 배울 수 있다. 누구라도 자신의 몸에서 느껴지는 감각을 다룰 수 있고, 자기 안에 존재하는 힘으로서의 감각을 열어 보일 수 있다. 그렇게 할 수 있다면 우리가 '부정적'이라고 여기는 느낌마저 행복에 방해가 되지 않고 오히려 진정한 온전함으로 나아가는 열쇠가 된다. 한 단계 한 단계 더 깊이 느낄 때마다 더 충만한 삶을 살 수 있다.

이 감정 치유 과정은 '기쁨을 많이' 느끼고 '아픔을 적게' 느끼는 것과는 관계가 없다. 오히려 각각의 느낌을 '충분히' 경험하는 것과 관계가 있다. 느낌 하나하나를 의식적으로 느껴보는 것, 심지어 그것을 즐기는 것이다. 그렇다! 두려움과 분노, 심지어 슬픔까지도 기꺼이 느껴보는 것이다. 처음에는 믿기지 않을 것이다. 어떻게 두려움이라는 느낌을 '즐길' 수 있단 말인가? 몇 달, 심지어 몇 년 동안 가슴 깊이 박혀 있는 슬픔이 어떻게 내 삶에 힘을 주는 원천으로 바뀔 수 있단 말인가?

각각의 느낌이 지닌 본래 목적을 알아보면 느낌은 처음에 의도한 제 기능을 수행할 수 있다. 오랜 시간 맞서 싸워온 느낌이 실은 나의 잠재력을 여는 열쇠라는 사실을 알게 될 것이다!

네 가지 느낌과 다섯 번째 느낌

느낌은 흔히 분노, 슬픔, 두려움, 기쁨의 네 가지로 분류되며 종종 수치심을 다섯 번째 느낌으로 보탠다. 이 점에서 흙, 물, 바람, 불의 네 원소에 다섯 번째 원소인 에테르ether를 추가하는 원소 분류 방식과 비슷하다고 할 수 있다. 앞의 네 원소는 구체적이며 이해하기 쉬운 반면, 다섯 번째 원소인 에테르는 조금 더 추상적이다. 분노, 슬픔, 두려움, 기쁨의 네 가지 느낌과 다섯 번째 느낌인 수치심의 관계도 마찬가지다. 뒤에서 이 네 가지 느낌이 일어나는 과정을 자세히 살펴볼 텐데 거기에서 이 느낌들이 우리의 외부 세계와 관련이 있음을 알게 될 것이다. 분노, 슬픔, 두려움, 기쁨의 느낌은 각각 불, 물, 흙, 바람의 네 원소에 해당하며 네 원소와 마찬가지로 구체적인 성격을 갖는다. 한편, 다섯 번째 느낌인 수치심은 자기 내면을 향한다는 점에서 조금 다르다. 느낌이 일어나는 과정을 살펴보면 이 점이 더욱 분명히 드러날 것이다.

분노, 슬픔, 두려움, 기쁨, 수치심의 다섯 가지 느낌이 우리 몸에 일어나는 그 밖의 감각과 가장 다른 점은 이 느낌들을 '힘'으로 활용할 수 있다는 점이다. 보통 다섯 가지 느낌 가운데 하나를 가리킬 때 그것은 우리 몸에 일어나는 어떤 힘을 느껴서 아는 것을 말한다. 그러나 우리는 정작 이 느낌의 힘들이 어떤 목적과 흐름을 갖는지 제대로 알지 못한다.

실은 다섯 느낌 모두가 특정한 원형의 힘이 몸에서 작용하는 것으로 볼 수 있다. 이 느낌들은 우리의 삶에서 중요한 기능을 수행하는 힘으로 드러난다. 모든 느낌은 우리가 특정 활동을 수행하고 자신의 심리 과정을 적절히 처리하는 데 도움 을 준다. 이 점에서 다섯 가지 느낌이 가진 진정한 본성에 대해 알고, 느낌을 만들어내는 데 자신이 어떤 역할을 하는지 이해할 필요가 있다. 그러지 않으면 자신과 사회에 해로운 결과를 가져올 수 있다. 느낌을 '비합리적 감각'으로 폄하하는 바람에 우리의 이성적 사고와 뜨거운 열정 사이에 얼마나 큰 틈이 벌어졌는가. 느낌이 가진 힘을 아름답게 다듬고 알아볼 때 우리의 생각과 느낌, 행동이 하나로 흐를 것이다. 생각과 느낌, 행동이 하나로 흐를 때 우리가 가진 열정과 욕망, 두려움과 공격성을 더 의식적으로 다룰 수 있다.

원형의 힘이란

원형의 힘archetypal power은 중요한 목적과 의미를 지닌 말이다. 그것은 우리 내면의 감각을 설명하기 위해 아무렇게나 고른 단어가 아니다. '원형의 힘'이라는 단어는 우리가 자기 내부의 감각을 어떻게 경험하는지 알려준다. 분노는 화산 폭발의 이글거리는 마그마와 천둥번개 치는 폭풍우 속의 강력한 번개처럼 엄청난 힘을 갖고 있다. 또 가슴 속의 슬픔에는 선선한 가을비가 지닌 정화력이 담겨 있다. 슬픔은 쓰레기장의 독성을 청소하는 강과 바다의 정화력을 지녔다. 그리고 우리 모두의 내면에는 한여름의 지글거리는 대기처럼 진동하는 기쁨의 힘이 있다. 그뿐인가. 우리가 지닌 두려움의 힘은 지진이 일어날 때 밀려오는 진동처럼 떨리며 방출된다.

원형의 힘은 우리들 개인에게만 아니라 자연에서도 발견된다. 자연을 구성하는 원소 중 하나라도 모자라면 자연이 존재할 수 없듯이 특정 느낌과 접촉하지 못하면 지금 나에게 무언가가 결핍되었음을 존재의 모든 측면이 감지한다. 불과 마그마가 지구의 자연 질서에 필요한 것처럼 분노 역시 우리가 살아가는 데 꼭 필요한 느낌이다. 분노는 '아니오'라고 말할 수 있는 능력을 준다. 분노는 낡은 것을 파괴해 새로운 것이 태어나게 하는 능력이다. 무시무시하게 분출하는 용암이 시간이 지나 비옥한 토양으로 바뀌는 것과 같다. 원형의 힘은 동전의 양면과 같아서 '좋다'거나 '나쁘다'고 단정할 수 없다. 자연이 지닌 원형의 힘도, 우리 내면에 존재하는 원형의 힘도 마찬가지다. 힘은 본래 '좋은 것'도 '나쁜 것'도 아니다. 그저 힘일 뿐이다. 힘을 사용하는 방식에 따라 그것이 어떤 방향으로 영향을 줄지 결정된다. 번쩍 하는 번개 한 방으로 끔찍한 파괴가 일어나지만 인류에게 처음 불을 가져다준 것도 번개였다. 번개와 용암이라는 간단한 예를 들었지만 지금부터는 번개, 용암보다 우리를 더욱 힘들게 하는 내면의 불, 즉 분노에 대해 알아본다.

다섯 가지 느낌과 그에 상응하는 원소

＊분노 ——— 불

＊슬픔 ——— 물

＊두려움 ——— 흙

＊기쁨 ——— 바람

＊수치심 ——— 에테르

느낌은 어떻게 삶의 힘이 되는가

느낌은 어디에서 오는가

느낌은 우리의 생각과 우리가 처한 환경이 상호작용하면서 만들어진다. 느낌은 힘이며, 느낌이 가진 힘을 통해 우리의 신체 시스템은 환경과 상호작용한다. 우리는 느낌의 힘을 가지고 어떤 일을 행동으로 옮긴다. 그리고 우리가 맞닥뜨린 상황에 따라 그 순간에 더 도움이 되는 특정한 느낌이 존재한다.

누구나 적절하지 않은 때에 적절하지 않은 느낌을 경험한 적이 있을 것이다. 무대 공포증은 우리가 그것을 가장 필요로 하지 '않는' 때에 목소리를 떨리게 하고 회사 면접을 엉망으로 만든다. 주변의 기대를 한 몸에 받는 뛰어난 인재가 시험 공포로 낙제할 수도 있다. 체면을 세워야 하는 때에 얼굴이 붉어져 배신을 당하고, 청하지 않은 눈물이 솟구쳐 오른다. 누구나 살면서 부적절한 때에 부적절한 느낌과 맞닥뜨리는 경험을 하고는 한다. 이런 곤란한 상황을 겪고 나면 사람들은 느낌이란 차라리 없는 게 좋겠다고 여긴다. 기쁨 정도는 있으면 좋겠지만 말이다.

그러나 우리는 기쁨을 간절히 바라면서도 '제대로' 기뻐하지 못한다. 왜 그럴까? 그 이유를 알려면 느낌이 어디에서 비롯하는지, 어떻게 일어나는지 이해해야 한다. 각각의 느낌이 가진 목적과 그 힘에 대해 알기 전에 애당초 느낌이 일어나는 과정을 살펴볼 필요가 있다. 그렇게 하면 기쁨 외에 다양한 느낌이 우리에게 존재하는 이유가 드러날 것이다. 그리고 기쁨이 유일한 느낌이 아니라는 사실이 우리에게 유익한 이유도 분명해질 것이다.

느낌은 내가 일으키는 것

대부분의 사람은 자신이 느낌을 만들어낸다는 사실을 알지 못한다. 우리가 경험하기에, 느낌은 영문도 모른 채 무의식 깊은 곳에서 무작위로 일어나는 비합리적인 감각으로 보인다. 이렇게 보면 느낌은 제멋대로, 예고도 없이, 늘 가장 불편한 때에 우리를 '공격하는' 것처럼 보인다.

이렇게 알면 우리가 느낌을 그토록 자주 피하는 것도 이상하지 않다. 우리는 심지어 느낌을 행복과 성공을 방해하는 걸림돌로 간주한다. 바의 아름다운 여인에게 작업을 걸고 싶어도 두려움이 방해한다. 교차로에 들어선 순간 신호등이 빨간불로 바뀌면 욱 하고 화가 치민다. 친구의 성공을 축하하려 해도 자신이 서글퍼져 목이 멘다. 한편, 우리가 늘 쫓아다니는 기쁨은 웬만해선 찾아오지 않는다. 이러니 '느낌은 내가 일으킨다'는 생각이 처음엔 당황스럽게 다가온다. 나를 마비시키고 내 목소리를 떨리게 만드는 두려움을 왜 스스로 일으킨단 말인가? 신호등에 화를 내고 싶은 사람이 누가 있는가? 스스로 기쁨을 일으킬 수 있다면 그 반대인 두려움과 화를 일으키는 이유는 대체 뭐란 말인가? 무엇보다 스스로 느낌을 일으킨다는 사실을 애당초 알지 못하는데 어떻게 느낌을 일으킨단 말인가?

느낌은 생각과 연결되어 있다

느낌은 생각과 주변 환경이 상호작용하며 일어난다. 일반적인 믿음과 달리, 생각과 느낌은 반대되는 것이 아니라 오히려 서로 밀접한 관계를 맺고 작용한다. 느낌은 생각에 의해, 생각을 통해 일어난다는 점에서 생각을 거울처럼 비춘다. 느낌은 마음이 주변 환경에 관해 만들어내는 '생각'이라는 해석에 바탕해 일어난다.

익숙한 상황을 예로 들어보자. 만나기로 한 친구가 약속 장소에 나타나지 않는다. 시간이 되면 오겠지 하며 카페에 앉아 기다린다.

그러는 동안 나는 온갖 느낌을 경험한다. 화를 내든, 슬퍼하든, 두려워하든, 기뻐하든, 아니면 수치심을 느끼든 이것은 모두 나의 마음이 이 상황을 어떻게 해석하느냐에 달려 있다.

이때 나는 친구가 늦은 사실을 '잘못된 일'로 보기로 마음먹을 수 있다. 이 해석은 나의 신체 시스템에 분노를 작동시킬 것이고 이로써 나는 휴대폰을 집어 들고 친구와 통화를 시도하는 등 적극적 조치에 나선다. 만약 통화가 되지 않으면 친구의 남편에게 연락해 상황을 물어본다. 또 친구가 늦는 이유를 알려주는 대중교통 지연 소식을 인터넷에서 검색할 수도 있다. 아니면 '귀부인'을 기다리기엔 내 시간이 너무 소중하다는 솔직한 메시지를 남기고 물건을 챙겨 카페를 나올 수도 있다. 분노가 지닌 힘은 내가 취할 수 있는 여러 행동 가운데 어느 것을 선택해 지체 없이 실행할지 분명히 알려준다.

만약 친구가 나를 기다리게 한 사실을 '안타까운 일'로 보기로 마음먹는다면 어떻게 될까. 이때 나는 슬픔을 느낄 것이다. 온몸에 슬픔이 퍼질 테고, 지금 상황을 바꾸기 위해 내가 할 수 있는 일이 없다고 느낄 것이다. '친구와 함께 시간을 보내기를 고대했었지! 오랫동안 보지 못했는데 다시 이별할 때가 되었어. 어쨌거나 친구가 나타나도 속에 있는 이야기를 모두 꺼낼 시간은 없어.' 이때 느끼는 슬픔은 지금 상황을 바꾸지 않고도 친구가 늦는다는 사실을 받아들이게 한다. 슬픔의 힘으로 나는 약속시간에 늦은 친구를 있는 그대로, 그녀의 모든 믿음직스럽지 못한 모습과 함께 받아들인다.

　　　　　　　　느낌은 어떻게 삶의 힘이 되는가

나는 또 친구가 아직 나타나지 않은 사실을 '끔찍한 일'로 여기며, 친구가 사고를 당한 건 아닌지 스스로 질문할 수도 있다. 이때 느끼는 두려움은 내가 어쩔 수 없는 끔찍한 일이 일어났을 수 있음을 알게 한다. 불확실함과 미지의 사건에 대비하기 위해 나의 몸에는 잔뜩 힘이 들어간다.

아니면 친구가 약속 장소에 나타나지 않은 상황을 오히려 '잘된 일'로 해석할 수도 있다. 이때 나는 기쁨을 일으킬 것이다. 나만의 시간을 더 갖게 되었다는 사실이 오히려 기쁘다. 이때 느끼는 기쁨은 힘든 한 주를 보낸 뒤 카페에 앉아 걱정 없이 카푸치노를 홀짝이는 평화로움에 대한 감사다. 사람들에게 잘 보일 필요도, 당장 해야 할 일도 없다. 그저 휴식을 취하면 된다. 시간의 자연스런 흐름과 함께 기쁨을 맛본다. 어쩌면 애당초 친구를 그다지 만나고 싶지 않았던 터라 내심 기쁘다. '착하긴 한데 좀 짜증나거든.' 이처럼 기쁨은 그 순간 나의 욕구가 충족되고 있음에 감사하게 한다.

또 다른 해석도 가능하다. 친구가 아직 나타나지 않은 것이 '나의 잘못'인지 모른다고 짐작하는 것이다. 이때 나는 수치심을 느낄 것이다. 수치심은 자신을 의심의 대상으로 둔다. '내가 날짜를 잘못 잡았나? 약속한 카페에 맞게 왔나? 날짜 확인을 잘못 했나? 혹시 친구가 기분 나빠할 짓을 했나? 친구에게 모욕을 주었나?' 수치심은 자신을 돌아보게 하고, 자신이 실수한 건 아닌지 곰곰이 생각하게 한다.

다섯 가지 느낌의 바탕에 깔린 기본 해석

*분노 ——— "잘못된 일이야."

*슬픔 ——— "안타까운 일이야."

*두려움 ——— "끔찍한 일이야."

*기쁨 ——— "잘된 일이야."

*수치심 ——— "내 잘못이야." "내가 틀렸어"

이처럼 자신이 처한 상황을 어떻게 해석하느냐에 따라 서로 다른 느낌이 일어난다. 또 우리가 선택한 해석은 주어진 상황에서 어떤 입장과 태도를 취할지 결정하게 한다. 결과적으로 우리가 일으키는 느낌은 우리가 그 느낌에 따라 행동하도록 돕고 그럼으로써 우리가 선택한 입장을 지지해 준다. 우리가 행동하도록 돕고 우리가 선택한 입장을 지지해 주는 것, 이것이 느낌이 지닌 본래 목적이다.

감정 자판기

생각과 느낌이 어떻게 연결되는지 셀프서비스 식당의 음료자판기를 떠올려보자. 자판기 상단에는 음료수 이름이 적힌 버튼이 있고, 아래에는 음료수 배출구가 있다. 우리의 설명에 대입하자면 '잘못된 일이야, 안타까운 일이야, 끔찍한 일이야, 잘된 일이야. 내 잘못

의식적으로 느낌 일으키기

감정적 부담이 없는 중립적인 상황에서 의식적으로 느낌을 일으키는 연습을 해보자. 먼저, 탁자 위에 놓인 꽃병이나 지나는 행인을 바라본다. 그런다음 아래 각각의 해석을 사용해 지금의 중립적 상황과 관련한 다섯 가지 느낌을 의식적으로 일으켜본다. 가령 "이 꽃이 여기 있는 건 잘못된 일이야. 왜냐하면 커튼과 어울리지 않으니까."(분노) "이 꽃이 여기 있는 건 끔찍한 일이야. 왜냐하면 농약을 잔뜩 뿌렸을지 모르니까."(두려움) 같은 식이다. 각각의 해석을 이용해 문장을 만들어본다.

1. "···은 잘못된 일이야. 왜냐하면 ···이니까." (분노)

2. "···은 안타까운 일이야. 왜냐하면 ···이니까." (슬픔)

3. "···은 끔찍한 일이야. 왜냐하면 ···이니까." (두려움)

4. "···은 잘된 일이야. 왜냐하면 ···이니까." (기쁨)

5. "···은 내 잘못이야. 왜냐하면 ···이니까." (수치심)

각각의 해석을 내린 이유를 창의적으로 말해보고 그에 맞는 입장을 실제로 취해본다. 시간을 갖고 각각의 입장을 취하며 다섯 가지 느낌을 일으키는 연습을 해본다.

이야/내가 틀렸어' 등 우리가 내리는 해석은 자판기 버튼에 해당한다. 특정 상황을 '잘못된 일'로 해석하면 그 결과로 우리는 '잘못된 일이야'라는 음료수 버튼을 누른다. 그러면 자판기는 한 치의 오차도 없이 그에 해당하는 '분노'라는 음료수를 제공한다.

자신이 특정 음료수 버튼을 누른다는 사실을 인식한다면, 그리

느낌은 어떻게 삶의 힘이 되는가

고 버튼에 음료명이 바르게 적혀 있고 해당 음료가 배출구에 맞게 연결되었다면 자판기는 문제없이 작동할 것이다. 그러나 안타깝게도 우리들 대부분은 머리로 내리는 해석과 감정 차원의 반응이 어떻게 연결되는지 자각하지 못한다. 이 때문에 자판기 버튼을 계속 눌러대다 음료가 넘치면 당황하고 만다. 버튼이 있다는 사실을 모르기 때문에 그걸 누르고 있다는 사실도 알지 못한다. '잘못된 일이야' 같은 특정한 해석을 먼저 내린 뒤 신체 시스템에 분노가 일어난다는 사실을 인식하지 못한다. 이런 해석을 내리고 있음을 알아차린 뒤에야, 컵이 가득한데도(아니면 물을 마시고 싶었음에도) 음료수 버튼을 계속 누르고 있는 자신을 갑자기 발견한다.

특정한 감정 버튼이 어디에 쓸모가 있는지, 언제 감정 버튼을 눌러야 하는지 알고 싶다면 각각의 감정의 힘을 사용하는 법에 관한 상세한 정보가 필요하다. 지금부터 이것을 살펴보자.

분노, 행동하게 만드는 힘

먼저 살펴볼 힘은 분노다. 분노의 표현 양상은 누구라도 어렵지 않게 알아본다. 분노에 대해 모르는 사람은 없을 것이다. 분노는 붉은색을 띠며 불과 같다. 분노에는 감정의 무게가 잔뜩 실려 있다. 분노는 어떤 식으로 자신을 방출할지 늘 찾는다. 분노는 분화구에 올라오는 마그마나 대기에 일어나는 번개와 같다. 분노의 힘은 많은 것을 창조할 수도, 파괴할 수도 있다. 분노는 우리가 행동하게 만드는 힘이다. 분노가 일어나면 우리의 신체 시스템에는 아드레날린이 솟구쳐 온몸이 행동에 돌입할 준비를 한다. 분노에 휩싸였을 때 우리는 수많은 차원의 에너지 자원을 동원한다. 불가능한 것이 가능해지고, 달갑지 않은 것은 옆으로 치워버린다. 우리가 허용한다면 분

느낌은 어떻게 삶의 힘이 되는가

노의 힘은 번개처럼 우리를 뚫고 지나간다.

분노

* 분노의 바탕에 깔린 기본 해석: "잘못된 일이야."

* 분노에 상응하는 원소: 불

* 분노가 지닌 목적: 행동

* 분노가 드리우는 그림자: 파괴

* 분노가 가진 힘: 명료함

"완전히 잘못된 일이야!"

분노는 어떤 상황을 '잘못된 일'로 해석할 때 그 반응으로 우리 몸에 일어나는 느낌이다. 어떤 일을 '잘못된 일'로 해석하려면 먼저 자신에게 분명한 입장이 있어야 한다. 세상에 절대적 의미에서 옳거나 틀린 일은 많지 않다. 예컨대 마을을 에두르는 우회로를 만드는 사안이 있다고 하자. 이 일은 옳은 일인가, 틀린 일인가? 그것은 내가 어떤 관점을 취하느냐에 따라 달라진다. 내가 마을 중심부를 지나는 혼잡한 거리에 살고 있다면 이미 오래 전에 놓았어야 할 우회로를 아직 만들지 않은 것을 잘못된 일로 해석할 것이다. 반면에 내가 열정적인 환경운동가라면 이와는 반대 입장을 취하며 이미 훼손된 숲을 통과하는 길을 또 하나 내는 건 분명 잘못된 일이라고 지적할 것이다. 나는 분노의 힘을 사용해 나의 입장을 지킬 것이다. 물을 마시지 못할 위험에 놓인 동물들의 권리를 지키는 데 앞장설 것이다. 이처럼 분노는 특정 관점에 따라 일어나며, 또 특정한 관점을 강화시킨다. 특정 사안에 관하여 우리는 어떤 입장이라도 취할 수 있다. 중요한 것은 자신의 느낌을 또렷이 알아차리며 느낌이 주는 명료함에 따라 자신의 입장을 취하는 것이다.

사회적 관점에서 본 분노

우리는 분노와 양면적 관계를 맺는다. 예컨대 우리는 협상에 임하는 경영자의 공격성을 높이 평가하면서도 운동장에서 멱살잡이하는 남자아이들을 문제로 여긴다. 자신의 바람을 분명히 표현하는 여성을 존경하면서도 그녀가 분노를 내뿜으면 '지나치게 남성적이다', '히스테리를 부린다'며 조롱한다. 떼쓰는 세 살짜리를 끔찍하다고 여기면서도 유아들의 자기주장은 바람직하다고 여긴다. 간단히 말해 이렇다. "분노, 그래 좋아. 그런데 제발 부드럽게 하라고." 그뿐인가, 모든 문화권에서 남성의 화는 여성의 화보다 너그럽게 받아들여진다.

물론 분노의 힘을 금기시하는 문화도 있다. 많은 동양권 나라에서는 화난 채로 누군가와 맞부딪치는 일은 생각하기 어렵다. 상대의 행동이 잘못이라고 공공연히 선언한다면 상대는 체면을 잃을 것이기 때문이다. 상대의 부적절한 행동에 대해서는 제삼자를 통해 조심스레 알려야 한다. 넌지시 우연인 듯 비언어적으로 슬쩍 힌트를 전해야 한다.

힘으로서의 분노

우리는 분노의 느낌을 일으킴으로써 특정한 입장을 취한다. 어떤 일을 '잘못된 일'로 규정하는 순간, 우리는 명료함의 칼을 빼든다. 그러면서 받아들일 수 있는 것과 받아들일 수 없는 것을 구분한다. 이때 분노는 나의 입장을 고수하고 방어하는 힘으로 작용한다. 이처럼 분노가 가진 힘은 명료함이다. 분노의 불은 우리로 하여금 행동할 수 있게 한다. 분노의 힘으로 나는 내 경계를 넘는 사람을 저지하며 나의 욕구를 지킨다. 분노의 힘을 통해 내가 옳다고(또는 틀렸다고) 생각하는 바에 따라 세상에 영향을 미친다.

내가 취하는 입장은 곧 내가 누구인가를 결정한다. '나는 애매한 말로 친구를 뒷담화해도 된다고 생각하는 사람인가? 나는 게으른 동료 인간들이 휴지통이 아닌 거리에 쓰레기를 버리는 데 반대하는 사람인가? 나는 미래세대의 생존을 위협할 정도로 지구 생태계를 매일 착취해도 좋다고 여기는 사람인가?' 건강한 분노의 힘은 이런 질문에 분명한 입장을 취하게 하며 그에 따라 행동하게 한다.

사람들은 건강한 분노의 힘을 가진 사람을 중요하게 여긴다. 건강한 분노의 힘을 지닌 사람은 언행이 일치한다는 걸 알기 때문이다. 그는 어떤 일을 새로 시작하거나 불공정을 척결할 때 함께할 수 있는 믿음직한 동맹자다.

분노가 필요한 때

* '아니오'라고 분명히 말할 때
* '예'라고 분명히 말할 때
* 결정을 내릴 때
* 자기 의사를 명확히 표현할 때
* 다른 사람에게 이해받고 싶을 때
* 분명한 입장을 취할 때
* 상대가 진지하게 받아주기를 바랄 때
* 행동을 시작하거나 명쾌하게 종료할 때
* 활력이 넘치고 활동적으로 살고 싶을 때
* 분명한 목표를 갖고 싶을 때
* 내가 무엇을 원하는지 알고 싶을 때
* 내가 누구인지 정하고 싶을 때
* 경계를 분명히 하고 싶을 때

하지만 분노의 힘이 언제나 세상을 뒤흔드는 '큰 일'과 관계되는 건 아니다. 분노의 힘은 이보다 훨씬 '작은 차원'에서도 작동한다. 예

느낌은 어떻게 삶의 힘이 되는가

컨대 바닥에 펜을 떨어뜨렸을 때 나는 펜이 떨어진 상황을 '잘못된 일'로 해석하고는 미미한 분노의 힘을 일으켜 펜을 집어 든다. 보풀이 인 스웨터를 보면 즉각 떼어내는 행동도 그런 스웨터는 '잘못되었다'고 보는 분노의 힘을 빌린 것이다. 이처럼 소소한 일상의 상황에서 분노의 힘을 알아차리고 음미한다면 분노에는 우리가 아는 것보다 훨씬 큰 힘이 들어 있음을 알 수 있다. 분노에는 걸핏하면 발끈하는 직장동료의 화보다 더 많은 것이 들어 있다. 분노는 무엇보다 우리가 행동할 수 있게 하는 힘이다.

분노는 좋은 느낌인가, 나쁜 느낌인가

분노는 좋은 느낌인가 나쁜 느낌인가? 분노는 옳은 느낌인가 틀린 느낌인가? 이것은 여기서 다룰 적절한 논점이 아니다. 이 책이 강조하는 것은 분노는 불이나 전기와 마찬가지로 '에너지'라는 관점이다. 분노가 좋은지 나쁜지는 분노하는 사람의 의도에 달려 있다. 분노의 힘은 본래부터 좋지도, 나쁘지도 않다. 불과 전기가 우리에게 필요한 것처럼 분노의 힘도 우리에게 필요하다.

그런데 분노의 느낌은 힘과 전혀 다른 방식으로, 즉 어두운 그림자로 나타나기도 한다. 어두운 그림자로 드러나는 분노는 우리에게 파괴적이고 해로운 영향을 끼친다. 그렇다면 무엇이 분노가 힘으로 드러날지, 아니면 불길하고 어두운 그림자로 드러날지 결정할까? 이것은 2부와 3부에서 자세히 살핀다. 거기서 이것은 분노 자체가 아니라 분노 뒤에 무엇이 자리 잡고 있는지, 우리가 분노를 어떻게 다루는지에 달려 있음을 알게 될 것이다.

분노가 부족하면

분노하지 않는다고 해서 자동적으로 평화 애호자가 되는 건 아니다. 분노하지 않는 사람은 행동하는 능력이 부족한 사람이기도 하다. 다른 사람이 불쾌할까봐 분노하지 못하는 사람은 자신의 입장을 취하지 못하며 자신의 입장이 중요하다고도 생각하지 못한다. 분노하지 않는 사람은 좋아하지 않는 일에 맞닥뜨려 슬픔으로 반응한다. 무력감에 빠지지 않기 위해 교묘하게 고안한 조종 전략에 의존한다. 희생자 모드에 빠져 자신의 욕구를 충족시킨다. 아니면 자기 입장을 취하지 않는 방법으로 스스로 나서는 책임을 피한다. 자기 입장을 취하면서 자신을 돌보는 책임으로부터 등을 돌리는 것이다. 그러나 자기 입장을 취하며 자신을 돌보는 책임은 누구도 피할 수 없는 일이다. 분노의 힘이 우리에게 주어진 이유는 그 힘으로 자신을 돌보고, 자기 영역을 분명히 정하며, 명료함으로 무언가를 창조하기 위해서다.

어떤 일을 '잘못된 일'로 해석하는 단호한 의지가 부족하면 어떤 일을 '잘된 일'로 진정으로 알아볼 가능성도 없다. 어떤 일을 '잘된 일'로 알아보지 못하면 기쁨을 느낄 수 없고 그러면 다른 사람과의 상호작용은 이래도 좋고 저래도 좋은 무심하고 불성실하며 어정쩡한 것이 되어버린다. 두려워하던 갈등은 사라지겠지만 그와 함께 삶의 활력도 의도치 않게 메말라버린다. 겉으로 친한 척해도 갈등은 해소되지 않은 채 뒤편에서 싸움을 벌인다. 이로써 주변 환경과의 생기 넘치는 관계에서 오는 즐거움이 사라진다. 자신을 속이는 나머지, 밝음과 어두움이라는 삶의 이원성duality을 경험하지 못하고 이로써 삶 자체를 경험하지도 못한다!

분노가 지나치면

분노가 지나치면 분노를 억누르는 것만큼 역효과가 생긴다. 어떤 일을 너무 쉽게 '잘못된 일'로 해석하면 스스로를 계속 막다른 골목으로 몰게 된다. 쉽게 욱하는 사람은 사사건건 트집을 잡고, 어쩔 수 없는 일에 노발대발한다. 분노의 주목적은 행동하는 힘을 일으키는 것인데 자신이 영향을 미칠 수 없는 상황마저 '잘못된 일'로 해석한다면 그는 좌절에 빠질 것이다. 더 나쁜 경우, 분화구에서 분출하는 마그마처럼 기어코 행동으로 이어져 사물과 사람을 파괴하고 해를 입힌다. 그러나 이때 내 행동의 목적은 분노의 힘을 내게 도움이 되는 식으로 사용하는 것이어야 한다.

내가 영향을 줄 수 없는 상황에 분노하는 것은 적절치 못한 대응이다. 분노의 힘을 잘못 사용하는 사람은 '미운 세 살' 아이처럼 행동한다. 자신이 처한 상황과 자기 능력을 적절히 평가하지 못하는 나머지, 어쩔 수 없는 상황에 대해 투덜거린다. 자신의 영향력을 벗어난 상황에 대처하는 해석에는 '잘못된 일'(분노)이라는 해석 외에도 네 가지가 있다. "안타까운 일이야"(슬픔) "끔찍한 일이야"(두려움) "잘된 일이야"(기쁨) "내 잘못이야"(수치심) 등의 해석이 그것이다. 각각의 해석에 따라 고유한 느낌의 힘이 신체 시스템에서 일어나 나름의 특정한 목적을 수행한다.

분노가 지나치면	공격적이 된다 쉽게 짜증을 낸다 비판적이 된다 불만이 많아진다	+
분노		
분노가 부족하면	분명하지 못하게 된다 미심쩍어한다 경계가 없어진다 결정을 못 내린다	−

느낌은 어떻게 삶의 힘이 되는가

슬픔, 받아들이는 힘

슬픔은 물과 같다. 슬픔은 대지에 길을 내는 강과 호수와 같고, 호수와 강이 흘러드는 바다와 같다. 슬픔은 어떤 일을 놓아 보내게 하며, 우리를 삶의 흐름에 내맡기게 한다. 슬픔은 우리가 가진 개념과 믿음, 욕망, 생물학적 프로그램 등 우리 앞을 가로막고 있는 모든 것을 깨끗이 치워준다.

또 슬픔의 힘은 사랑의 힘을 향해 우리의 가슴을 열어준다. 우리는 좋아하지 않지만 바꿀 수 없는 것을 사랑의 힘으로 받아들인다. 이를테면 죽음, 사랑하는 사람과의 이별, 날씨 같은 것을 받아들인다. 슬픔은 광대한 깊이와 넓이, 지혜를 지닌 힘으로 우리는 슬픔 위를 가볍게 떠다닐 수도, 슬픔에 휩쓸려 떠내려갈 수도 있다. 우리는 슬픔을 통해 자신이 바라는 바와 일치하지 않는 일을 받아들인다.

슬픔

∗슬픔의 바탕에 깔린 기본 해석: "안타까운 일이야."

∗슬픔에 상응하는 원소: 물

∗슬픔이 지닌 목적: 받아들임

∗슬픔이 드리우는 그림자: 수동성

∗슬픔이 가진 힘: 사랑

"정말 안타까운 일이야!"

슬픔은 '안타까운 일'이라는 해석을 내릴 때 일어나는 느낌이다. 분노가 일어날 때 '잘못된 일'이라는 직감이 생기듯이 어떤 일을 '안타까운 일'로 여긴다는 것은 내가 원하는 것을 정확히 알고 있다는 뜻이다. 이때 내게는 분명한 입장이 있다. 그런데 분노의 힘이 목표를 이루는 명료하고 건강한 힘이라면, 슬픔은 이보다 훨씬 부드러운 입장을 취한다. 나는 내가 무엇을 원하는지 알지만 지금 이 순간 그것을 이룰 수 없다는 사실도 안다. '안타까운 일'이라는 해석에는 설령 내가 원하는 방식이 아니어도 있는 그대로를 기꺼이 받아들이는 마음이 있다.

느낌은 어떻게 삶의 힘이 되는가

사회적 관점에서 본 슬픔

우리 사회는 슬픔을 '부정적'으로 본다. 사람들은 슬퍼하는 사람을 불쌍하게 여기거나 우습게 본다. 아무리 잘 보아도 운명의 일격에 자연스러운 반응을 보이는 거라고 여긴다. 그러면서 알아주는 말 뒤에 으레 안심시키는 말을 건넨다. "이 슬픔도 지나갈 거야. 지나고 보면 알아." 그러나 슬픔은 그저 '지나가기 때문에' 괜찮은 것이 아니다. 슬픔 자체에 고유한 가치가 있다. 사람들은 슬픔이 지닌 고유한 가치에 대해 잘 알지 못한다.

슬픔이 필요한 때

＊ 마음을 열어야 할 때

＊ 어떤 일을 받아들여야 할 때

＊ 어떤 일을 놓아 보내야 할 때

＊ 어떤 것의 가치를 알아보아야 할 때

＊ 자기 입장을 내려놓아야 할 때

＊ 자신의 무력함을 깨닫고 받아들여야 할 때

＊ 자신의 바람 또는 지금의 상황과 화해해야 할 때

＊ 더 큰 돌봄의 마음을 내야 할 때

＊ 자기 내면으로 깊이 들어가야 할 때

＊ 지혜를 키워야 할 때

힘으로서의 슬픔

우리는 슬픔을 통해 어떤 일을 받아들인다. 슬픔은 자신이 바꿀 수 없는 일을 받아들이게 한다(물론 바꿀 수 있기를 바라지만). 어떤 일을 안타까운 일로 해석한다는 것은 그 일이 나의 욕구와 맞지 않는다는 뜻이다. 그러나 그 일을 바꿀 힘이 내게 없음을 알기에 나의 칼은 칼집에 그대로 있다. 슬퍼함으로써 나는 '있는 그대로'를 받아들인다. 그러면서 상황이 지금과 다르길 바라는 나의 소망을 더 잘 알아본다.

이로써 슬픔은 사랑을 향해 가슴을 여는 힘이 된다. 슬픔은 나의 바람과 있는 그대로의 것 사이에 다리를 놓는다. 힘으로서의 슬픔을 느낄 때 우리의 가슴은 활짝 열린다. 슬픔은 무엇보다 사랑과 평화의 힘이다. 슬픔이 지닌 부드러운 유동성은 저항을 흘려보내고, 삶의 흐름에 자신을 내맡기게 한다. 슬픔은 있는 그대로의 것과 평화를 이루게 한다. 슬픔의 힘을 통해 우리는 자신이나 타인과 더 깊이 접촉한다. 소망과 바람을 갖되 그것을 전투적으로 주장하지 않는다.

건강한 슬픔을 느끼는 사람은 따뜻한 가슴과 지혜, 깊은 사랑의 능력으로 주변의 인정을 받는다. 그의 곁에서 우리는 마음껏 '우리 자신'이 될 수 있다. 그가 서로의 다름을 인정한다는 것을 우리는 안다. 단단한 슬픔의 힘을 지닌 사람은 바꿀 수 없는 삶의 많은 부분

느낌은 어떻게 삶의 힘이 되는가

을 받아들인다.

분노의 힘처럼 슬픔의 힘 역시 삶의 거대한 문제에 적용할 수 있다. 사랑하는 사람의 죽음으로 우리는 심오한 슬픔의 과정에 들어선다. 사랑하는 이의 죽음을 애도하는 과정에서 우리는 그가 지금껏 우리 삶에서 어떤 의미를 지녔는지 돌아본다. 애도를 통해 우리의 가슴은 새로운 깊이에 열린다. 가슴 찢어질 듯 아픈 현실과 더불어 살아가는 법을 배운다. 그러나 슬픔의 힘이 삶의 커다란 문제에만 적용되는 것은 아니다. 슬픔의 힘은 화창한 하루를 기대한 호숫가에서 아침에 커튼을 열었을 때 내리는 비를 보았을 때도 우리를 앞으로 나아가게 한다. 슬픔의 힘은 지금 막 자리에 앉아 즐기려던 고급 와인의 마지막 잔을 엎질렀을 때도 사용할 수 있다. 슬픔의 힘은 자신의 바람을 더 잘 알아보게 하며, 나의 바람과 다르게 바뀌어 버린 상황과 싸우지 않고 그것을 받아들이게 한다.

슬픔은 좋은 느낌인가, 나쁜 느낌인가

분노를 비롯한 여느 느낌과 마찬가지로 슬픔 역시 중립적인 힘이다. 슬픔이 좋은가 나쁜가, 옳은가 그른가는 적절한 논점이 아니다. 바다에 들고나는 밀물과 썰물은 좋은가 나쁜가. 홍수를 일으키지만 대지를 비옥하게 하는 폭우는 좋은가 나쁜가. 한편으로 축복이며 한편으로 저주다. 슬픔도 마찬가지다. 슬픔의 힘을 능숙하게 다루면 물로 갈증을 풀 수 있는 때와 물이 우리를 삼키려 위협하는 때를 구분할 수 있다. 그러나 분노와 마찬가지로, 슬픔에도 어두운 그림자가 드리운다. 슬픔이 드리우는 그림자는 우리를 수동적으로 만든다. 우울하고 괴로운 기분에 빠져 세상일과 거리를 둔다. 분노와 마찬가지로 이것 역시 슬픔 자체와는 무관하다. 슬픔을 움직이는 힘과 슬픔이 향하는 방향에 달려 있다. 이것은 2부와 3부에서 자세히 살핀다.

슬픔이 부족하면

어떤 일을 애도하고 안타까워하는 슬픔이 부족하면 마음의 깊이와 지혜, 진정한 사랑을 키우는 중요한 능력이 떨어진다. 그러면 주변사람이나 자신을 둘러싼 세상과 아무렇게나 피상적으로 관계 맺기 쉽다. 이때 주변 사람과 상황, 세상일은 이래도 좋고 저래도 좋은 것이 되어버린다. 다른 것과 바뀌어도 무관한 것이 되고 만다. 마음에 들지 않는 것은 무엇이든 방해가 되지 않도록 치워버려야 하며 그것의 존재를 간단히 부정한다. 슬픔을 느끼지 못하는 사람은 마음에 들지 않는 일과 함께하지 못하며 있는 그대로 받아들이지 못한다.

누구나 마음에 들지 않는 일과 필연적으로 맞닥뜨린다는 점에서 슬픔을 느끼지 못하는 사람은 타인이나 자신의 삶과 깊이 접촉할 때마다 실패와 마주하게 된다. 슬픔이 부족한 사람은 무감각 상태에 빠진다. 어떤 것을 없애거나 아니면 무시하는 관심 결여 상태에 처한다. 슬픔이 부족하면 가슴으로 진정한 기쁨을 느끼지 못해 공허함에 빠진다. 기쁜 일을 즐길 때도 그가 느끼는 기쁨은 불행으로 바뀌기 쉽다. 왜냐하면 삶은 늘 변화하기 때문이다. 슬픔을 느끼지 못하는 그는 안전을 위해, 즉 불행을 느끼지 않기 위해, 기쁨마저 피한다. 그 결과 그는 삶을 속인다. 목욕물을 버리며 아기도 함께 버리고 있음을 깨닫지 못한다. 어떤 일을 '잘못된 일', '안타까운 일'로 여기지 못하는 사람에게는 그 일을 '잘된 일'로 해석하는 것도 극히 위험하다. '잘된 일' 역시 오래가지 않을 것이기 때문이다. 우리는 누구나 알고 있다. 변하지 않는 유일한 것은 모든 것이 변하고 있다는 사실뿐임을.

슬픔이 지나치면

슬픔도 지나치면 문제가 된다. 과도한 슬픔은 과도한 분노가 만들어낸 투정과 마찬가지로 우리를 막다른 골목으로 몰고 간다. 우울할 때 우리는 모든 일을 '안타까운 일'로 해석한다. 우울에 빠졌을 때 우리는 '세상만사가 불행'이라는 관점을 취한다. 그런데 이때 우리가 놓치는 사실이 있다. '안타까운 일'이라는 해석은 '잘된 일'과 '잘못된 일'이라는 양극단 해석 가운데의 어느 지점에서만 적절하다는 사실이다.

어떤 일을 바꾸려면 그것이 '잘못된 일'이라는 해석을 내리되 일정한 입장도 함께 취해야 한다. 그런데 우울한 기분에 빠졌을 때 우리는 아무런 입장도 취하지 않는다. 지금과 달라지려는 마음이 조금도 일어나지 않는다. 하염없이 눈물을 흘리며 세상과 주변사람, 자신이 계속해서 가련한 상태에 있길 바란다. 창조적이고 활동적일 수 있는 기회, 기쁘고 살아 있고 활기 넘치는 기회를 놓친다. 이것이야말로 가장 불행한 일이다. 진정으로 삶을 살지 못한 채 소파에 누워 엉엉 울고만 있는 것 말이다.

한 가지 예를 보자. 카드빚을 졌을 때 우리는 그것을 '안타까운 일'로 해석한다. 그러나 이것은 번지수를 잘못 짚은 태도다. 많은 사람이 카드빚을 '불행한 일'로 여긴다. 사람들은 카드빚에 화를 내는 대신 슬픔에 빠진다. 빚을 갚는 행동을 실천에 옮기지 않고 자리에 앉아 체념한다. 카드빚에 대해 자기가 할 수 있는 일이 없다는 생각에 굴복한다. 그러나 스스로에게 정직하다면 자신이 지금 무엇도 바꾸고 싶어 하지 않는다는 사실을 인정해야 할 것이다. 어쩌면 다른 사람이 나를 위해 빚을 갚아주길 바라는지도 모른다. 우리는 아직 성숙하지 못하다.

다음으로 살펴볼 느낌은 두려움의 힘이다. 잔고를 초과해 계좌를 인출했을 때 우리는 두려움을 느낀다. 이것은 두려움의 힘이 작동하는 방식을 보여주는 한 가지 사례다. 잘못된 일로 여기지만 받아들이기 힘든 상황에 우리는 맞닥뜨리고는 한다. 또 무언가를 바꾸려면 원치 않는 결과를 겪어야만 하는 상황에 몰리기도 한다. 이때 우리는 그것이 '끔찍한 일'이라는 해석을 내린다. 이런 해석을 내릴 때 일어나는 느낌의 힘이 바로 두려움이다.

슬픔이 지나치면	수동적이 된다 우울해진다 자신을 불쌍히 여긴다 행동하지 못한다	+
슬픔		
슬픔이 부족하면	피상적이 된다 무관심해진다 감정을 억누른다 감수성이 부족해진다	−

두려움, 창조하는 힘

두려움은 우리가 가장 무서워하는 감정적 힘이다. 스트레스, 신경과민, 불안, 초조, 불면 등의 증상은 우리가 두려움과 맺는 관계를 보여주는 수많은 증상 중의 일부다. 두려움은 우리가 좀처럼 원하지 않는 느낌이다. 두려움은 나의 주변 사이에 경계境界를 짓는다. 두려움은 나에게 한계를 둔다. 두려움을 느낀다는 것은 내가 지금 무엇을 어떻게 해야 할지 모른다는 의미다. 네 가지 원소 중 흙에 해당하는 두려움은 암벽과 산처럼 우리 앞에 불쑥 솟아오른다. 두려움은 우리를 막다른 곳으로 몰아붙인다!

느낌은 어떻게 삶의 힘이 되는가

두려움은 어둡고 불가사의한 힘이다. 우리가 그 속으로 기꺼이 들어갈 때에만 열리는 힘이 두려움이다. 두려움은 죽음과 같아서 우리는 두려움을 통해 죽은 뒤 다시 태어난다. 우리의 신체가 죽으면 흙이 그것을 흡수한 뒤 흙을 통해 다시 태어나는 것과 같다. 그러나 우리는 죽음과 재탄생의 과정이 어떤 식으로 일어나는지 알지 못한다. 이 과정을 통제할 방법도 갖고 있지 않다.

두려움은 죽음과 마찬가지로 아는 것과 모르는 것 사이에 놓인 문턱이다. 동시에 두려움은 이 문턱을 넘어서는 힘이기도 하다. 지금 맞닥뜨린 상황을 바꿀 수도, 받아들일 수도 없다면 '완전히 새로운' 어떤 일이 일어나야 한다. 이때 우리가 할 수 있는 일은 자신을 변화시키는 것뿐이다. 힘은 결코 사라지지 않는다. 다른 상태로 바뀔 뿐이다. 두려움의 힘은 우리를 창조의 암흑으로 데려가며 그 암흑 속에서 우리는 지금의 모습을 넘어 새로운 모습으로 다시 태어난다.

사회적 관점에서 본 두려움

우리 사회의 많은 부분이 두려움을 피하는 목적으로 설계되었다. 건강보험과 임대 계약, 각종 법률과 제도, 결혼, 안전 규정, 복지 프로그램은 모두 우리가 안전하다고 느끼도록 설계되었다. 이런 것들은 우리의 두려움을 달래고 길들이는 목적을 지녔다. 우리가 느끼는 두려움을 합리적으로 통제 가능하게 만들려는 것이다. 조금 과장해 말하면 우리 문명 '전체'가 두려움을 피하는 거대한 전략의 지시를 받고 있다고 할 수 있다.

여느 사회보다 우리 사회에서 두려움이 더 큰 문제를 일으키는 걸 알면 놀랄 정도다. 예컨대 우리 사회에는 죽음에 대한 두려움, 실패에 대한 두려움이 있다. 학교에 대한 두려움, 시험에 대한 두려움, 버림받는 것에 대한 두려움도 있다. 게다가 이런 두려움은 날이 갈수록 커지고 있다. 두려움을 차단하는 보안시스템이 하루가 다르게 발전하지만 우리가 느끼는 두려움은 커져만 간다. 안전할수록 우리는 더 두려워한다. 어떻게 된 걸까?

우리는 두려움을 '잘못' 알고 있다

두려움은 미지의 것을 알리는 신호다. 그런데 두려움이 그저 위험을 알리는 신호에 불과하다면 안전이 커질수록 두려움이 줄어야

느낌은 어떻게 삶의 힘이 되는가

한다. 그러면 우리는 두려움을 느끼지 않고 살아갈 것이다. 보험회사의 화려한 광고는 우리에게 확실한 믿음을 줄 것이다. "상해보험에 정기 생명보험과 약간의 개인책임보험을 결합해 가입하시면 가장 안전합니다. 평생 아무 걱정 없이 살 수 있습니다!"

보안이 강화되면 삶이 덜 위험해지는 것은 맞다. 하지만 우리가 모르는 미지의 영역까지 확실히 줄어드는 건 아니다. 오히려 안전을 보장할수록 미지의 영역은 더 확장된다. 그와 더불어 우리가 느끼는 두려움의 범위도 더 커진다.

이 점에서 우리가 느끼는 두려움을 '끔찍한 일'이 아닌 다른 일로 경험할 필요가 있다. 그러지 못하면 이미 알고 있는 영역에서 벗어나기 어렵다. 익숙한 경계 안에 계속 머물러야 한다. 우리는 콜럼버스 이전 시대 유럽의 뱃사람과 비슷한 처지에 놓였다. 당시 뱃사람들이 다닐 수 있는 영역은 그들이 지닌 믿음과 무지에 철저히 제약당해 있었다. 무수한 실패와 단점에도 불구하고 콜럼버스를 지금도 영웅으로 받드는 이유는 두려움에 직면한 그의 용기 때문이었다. 아는 것의 경계를 넘어 미지의 곳으로 나아가는 용기 말이다.

"정말 끔찍한 일이야!"

어떤 일을 끔찍한 일로 해석할 때 두려움이 일어난다고 했다. 그러면 우리는 어떤 경우에 끔찍한 일이라는 해석을 내릴까. 그 일과 더불어 사는 법을 모를 때, 그 일에 직면하는 법을 알지 못할 때 우리는 그 일을 끔찍한 일로 해석한다. 잘못된 일, 안타까운 일이라는 해석과 두려움이 구분되는 지점도 바로 여기다. '잘못된 일'이라는 해석은 그 일을 바꿀 수 있다는 의미이고 '안타까운 일'이라는 해석은 바꿀 수는 없지만 받아들일 수 있다는(또는 받아들여야 한다는) 의미다. 한편 바꿀 수도, 받아들일 수도 없는 일이 일어났을 때 우리는 '끔찍한 일'이라는 해석을 내린다.

힘으로서의 두려움

두려움은 우리가 흔히 부정적으로 여기는 느낌이다. 두려움을 '힘'이라고 부르는 것 자체가 의외로 다가온다. 대부분의 사람이 얼마나 큰 두려움을 갖고 사는지 알면 누구나 슈퍼맨으로 보일 정도다. 왜 두려움은 우리를 마비시킬까? 어째서 우리는 두려움을 있는 그대로의 자연스러운 힘으로 알아보지 못할까?

두려움은 나의 경계境界와 관련이 있다. 두려움은 내가 알고 있는 영역에서 벗어나는 것을 의미한다. 객관적으로 보아 두려움은 흥분과 모험의 최고점이다. 하지만 우리는 두려움을 '위험'과 동의어로 보는 데 익숙하다. 우리는 미지의 것을 깊이 알아보는 능력을 잃었다. 새로운 것, 미지의 것을 향한 우리의 타고난 욕망은 안전 지향의 사고방식으로 대체되었다. 대신에 우리는 소비주의로 그 욕망을 보

느낌은 어떻게 삶의 힘이 되는가

상한다.

　신경과학자이자 애틀랜타 에머리대학 정신의학 및 행동연구 교수인 그레고리 번스Gregory Berns는 『만족: 진정한 충족감을 발견하는 과학Satisfaction: the Science of Finding True Fulfillment』이라는 책에서 무엇이 우리를 진정으로 만족시키는지 살핀다. 그는 새로운 것만이 우리를 진정으로 만족시킨다고 결론 내린다. 번스는 우리가 새로운 것에 직면할 때 도파민이라는 신경전달물질의 수치가 올라가는 과정을 보았다. 새로운 것이 위협적이냐 아니냐에 따라 도파민은 싸움-도망fight-flight 반응을 일으키기도 하고, 자연스러운 기쁨과 지속적인 만족감의 원천이 되기도 한다.

　이 연구에 따르면 보안 수준이 강화되어 미지의 두려운 상황에 자신을 내맡기려는 의지가 줄면 우리가 느끼는 불만족도 커지는 것이 당연해 보인다. 우리는 모험을 원한다. 하지만 '안전하게 통제된' 모험을 원한다. 미지의 것을 원한다. 하지만 '마음에 든다'는 확신이 있을 때에만 원한다. 이처럼 우리는 두려움에 관해 '잘못' 알고 있으며 따라서 진정한 만족을 느끼지 못한다. 사실, 두려움은 '힘'이다. '힘'으로서의 두려움이야말로 일상의 예측 불가능한 소소한 일에서 매순간 충족감을 맛보게 한다.

　그러나 대부분의 사람은 두려움이 '힘'이라는 사실을 모른다. 사람들이 아는 것은 신체의 방어기제뿐이다. 우리 몸의 방어기제는 어떤 대가를 치르고서도 두려움을 피하려고 한다. 두려움을 피하기 위해 몸이 수축되고, 숨이 멎는다. 온몸이 마비되는 느낌을 일으킨다. 그런데도 두려움이 '힘'이라고? 그렇다, 힘이다. 두려움이 가진 힘을 경험하려면 먼저 미지의 세계로 기꺼이 나아가려는 의지와 용기가 필요하다. 그럴 때 두려움이 나의 경계를 변화시키는 폭발적인 힘으로 작용한다. 미지의 세계로 들어가는 문턱을 느낄 뿐 아니라 그 문턱을 넘어 우리를 새로운 영역으로 데려가는 것을 경험한다. 이로써 우리가 편안하게 여기는 행동반경이 넓어진다. 이런 식으로 전에 없던 수많은 가능성이 자연스레 드러난다. 이것은 우리가 알던 기존의 경계 너머에 존재하는 가능성, 이전에 활용하지 못하던 가능성이다. 이 가능성을 통해 우리는 자신을 넘는다. 두려움이 아닌 다른 힘으로는 결코 이르지 못하는 경지로 나아간다. 두려움은 조건 없는 사랑을 하는 데도 필요하다. 상대방이 당장 내일 자신의 본성을 드러낼지 누가 아는가? 내 안에 있는 두려움의 힘과 적절한 관계를 맺을 때 어떤 일이든 지금보다 더 적절하게 대처할 수 있다.

두려움이 필요한 때

＊창의적이어야 할 때

＊아직 알지 못하는 해결책과 길을 찾아야 할 때

＊삶의 목적을 찾아야 할 때

＊진정으로 삶을 살아야 할 때

＊조건 없는 사랑을 해야 할 때

느낌은 어떻게 삶의 힘이 되는가

❇ 모험을 해야 할 때

❇ 불확실성과 불가사의에 마주하고 거기에 열려야 할 때

❇ 자신의 경계를 넘어 성장해야 할 때

❇ 향상하며 앞으로 나아가야 할 때

분노나 슬픔처럼 두려움도 큰일에서든 작은 일에서든 사용할 수 있다. 모르는 사람에게 길을 물어보는 잠깐 동안에도 우리는 두려움을 느낀다. '저 사람이 어떻게 반응할까? 저 사람은 어떤 사람일까? 내가 묻는 질문을 거부하진 않을까?' 두려움은 사람들이 주목하는 큰 무대에 오를 때 온몸의 세포가 바들바들 떨리는 무대공포증이기도 하다. '무대에 오르면 무슨 일이 벌어질까? 나를 쳐다보는 관객들은 어떤 사람들일까? 무대에서 보이는 내 모습에 사람들은 어떤 반응을 보일까?' 또 우리가 모르는 어떤 일에 직면했을 때도 두려움의 힘이 작용한다. '월말에 집세는 어떻게 내지? 건강검진 결과는 어떻게 나올까? 훗날 내 삶은 어떤 모습일까?' 두려움의 힘은 누구나 맞닥뜨리는 죽음이라는 절대 불가사의 앞에서도 나름의 역할을 한다. '죽음 뒤에 무엇이 우리를 기다릴까? 죽음은 정말 모든 것의 끝일까? 죽음에 관한 나의 생각이 옳을까? 죽음은 우리를 아프게 할까?' 두려움의 힘은 우리가 이런 상황에 대처하고 직면하도록 돕는다. 두려움의 힘은 아는 것과 모르는 것 사이의 문턱을 넘어 우리를 데려간다.

두려움은 좋은 느낌인가 나쁜 느낌인가

두려움 역시 좋은 힘도, 나쁜 힘도 아니다. 다른 힘과 마찬가지로 두려움 역시 그것을 활용할 수 있느냐에 따라 도움이 될 수도, 방해가 될 수도 있다. 두려움이 그림자로 드러날 때 그것은 우리를 마비시키는 힘으로 작용한다. 이때 두려움은 우리를 미지의 세계로 데려가기보다 얼어붙게 만든다. 삶으로부터 달아나게 만든다. 두려움도 다른 느낌과 마찬가지로 힘으로 활용할 수도 있고 그것의 그림자에 갇힐 수도 있다. 그것은 무엇이 두려움을 움직이느냐, 두려움이 어디로 향하느냐에 달려 있다. 이 주제는 뒤에 다시 다룬다.

두려움의 힘이 부족하면

두려움의 힘이 부족해 생기는 결과는 두려움을 일으키지 '않는' 사람뿐 아니라 두려움을 일으키지 '못하는' 사람에게도 보인다. 신경생물학자로 감정 연구의 세계적 권위자인 안토니오 다마지오Antonio Damasio는 뇌의 특정 부위가 손상되어 특정 느낌을 일으키지 못하는 현상을 오랫동안 탐구했다. 예컨대 종양으로 변연계의 일부인 편도체가 손상된 사람은 두려움을 느끼지 못한다고 한다. 또 그는 다른 사람의 기쁨과 슬픔은 알아보면서도 사람들의 얼굴에 나타나는 두려움은 알아보지 못한다고 한다. 다마지오는 두려움을 느끼지 못하는 사람의 문제를 이렇게 말한다.

> 나의 환자는 평범한 지성의 소유자로 일상생활에서 특별히 주
> 목할 만한 점은 없었다. 다만 한 가지, 그녀는 두려움을 느끼
> 지 못했다. 그녀는 만나는 모든 사람에게 지나치게 긍정적인
> 태도를 보였다. 의심이란 걸 몰랐다. 좋지 않은 경험에서 배우
> 지 못했고, 조심성 없이 사람들을 만났다. 의뭉스러운 남자들
> 에게 자꾸 넘어갔다. 이런 감정적 블랙아웃(정전)은 결과적으
> 로 그녀의 대인관계와 의사소통 능력에 부정적 영향을 끼쳤
> 다.(Grolle, 2003)

신체 시스템의 문제 때문이 아니라 두려움을 일으키거나 느끼지
않으려는 나머지 몸에 두려움의 힘이 부족해지면 자신의 한계를 제
대로 인식할 수 없다. 무엇이든 할 수 있다는 과도한 환상에 빠져 허
우적댄다. 모든 일이 나를 위해 잘 되어간다고 착각한다. 상처받지
않는 무적의 존재인 척한다. 이렇게 말하는 내면의 신호를 무시한
다. "이제 그만해, 여기까지야. 더 이상은 못 가. 이건 너한테 과분하
다고." 그가 겉으로 보이는 기쁨과 결단력, 평온과 자신감은 이제 깊
이와 진정성이 부족해진다. 바비 인형의 생명력 없는 아름다움과도
비슷하고, 무적인 척하는 람보처럼 곰팡내 나는 뒷맛을 남기기도
한다. 그는 자신의 두려움을 인정하지 않기에 우리를 성장시키고 창

조성을 선사하는 활력을 갖지 못한다. 불가항력의 끔찍한 일, 해결 불가능해 보이는 상황이 없이는 진정한 변화의 자극도 받을 수 없다. 주변 환경의 영향을 거부한다면 '나는 어떤 사람인가'에 관한 고정된 자아상에서 벗어나지 못한다. 다마지오의 환자처럼 한자리에 막힌 정체된 삶을 살게 된다. 실수에서 배움을 얻는 법도 알지 못하게 된다.

두려움이 지나치면

두려움을 거부할 때 우리는 자신의 자연스러운 경계를 덮어 가린다. 마치 경계가 존재하지 않는 것처럼 행동한다. 고통스럽게 경계를 자각한다 해도 어떻게든 그것과 맞닥뜨리지 않으려 한다. 자신의 한계를 경험하지 않기 위해 우리가 자주 사용하는 전략이 있다. 바로 '두려움에 대한 두려움'을 일으키는 것이다. 이것을 '예견된 두려움'이라고 하는데 자신과 자신의 실제 한계(두려움의 실제 대상) 사이에 스스로 경계를 만드는 것을 말한다. 우리 몸은 이런 경계를 만들어 어떤 것을 끊임없이 '무서운 일', '끔찍한 일'로 해석한다. 그러나 사실 이 해석이 가리키는 바는 두려움 자체다. 두려움에 대한 두려움은 두 번째 두려움이며, 그 뒤에 감춰진 두려움이 있다. 두 번째 두려움을 만들어 진짜 두려움과 맞닥뜨리기 전에 경고 알람을 울리면 진짜 두려움에 신경 쓸 필요가 없어진다. 그런데 이렇게 되면 애당초 우리를 무섭게 만든 두려움의 대상과 만날 수 없다. 그 대상은 계속해서 '모르는 것'으로 남는다. 이제 우리 머릿속에는 막연한 생각의 고리가 끊임없이 돈다. "그건 무서운 일이야, 왜냐고? 그냥 무서우니까." 이렇게 해서 우리는 두려움의 실제 대상과 만나지 못한다. 두려움의 힘이 온몸에 계속 쌓이고, 이제 두려움은 스스로를 강화시키는 메커니즘이 되고 만다.

'두려움에 대한 두려움'이라는 메커니즘은 종종 오랫동안 지속된다. 때로 한 사람의 삶이 온통 두려움에 지배당하는 수도 있다. 어떻게 이 악순환을 깰 수 있을까? 무엇보다 두려움은 우리가 알지 못하는 어떤 것 때문에 일어난다는 사실을 인식해야 한다. 두려움에 대한 두려움을 일으키는 이유는 처음의 두려움에 대해 제대로 모르기 때문이다. 두려움에 대한 두려움에 사로잡혀 삶이 거기에 지배당하고 있음을 알면 우리는 그 두려움을 안다고 여기지만 이때 우리가 실제로 아는 것은 두려움이 아닌 신체의 방어 전략이다. 두려움 자체는 우리가 모르는 것으로 계속 남는다. 두려움을 피하려는 우리의 노력 '덕분에' 두려움은 보이지 않게 더 은밀히 감춰져 있다.

우리는 두려움에 대한 두려움에서 벗어날 수 없다. 두려움에 대한 두려움에서 벗어나려는 시도가 또 다른 두려움을 일으킨다. 말하자면 '두려움에 대한 두려움에 대한 두려움'을 또다시 일으키는 것이다. 이 악순환을 깨려면 두려움에 의식적으로 맞닥뜨려야 한다. 두려움, 두려움에 대한 두려움, 두려움에 대한 두려움에 대한 두려움까지 의식적으로 마주해야 한다. 사실 두려움은 우리가 새로운 것을 경험하면서 미지의 것으로 나아가게 하는 힘이다. 우리가 지금 미지의 것에서 달아나고 있다는 사실을 깨달아야 한다. 우리를 지치게 만드는 것은 두려움 자체가 아니라 두려움을 피하려는 시도라는 사실에 마음을 열어야 한다.

두려움이 지나치면	어떤 것에 사로잡힌다 신경이 예민해진다 긴장한다 불안해한다	+
	두려움	
두려움이 부족하면	끄떡없다고 느낀다 진정성이 부족해진다 언제나 들떠 있다	−

두려움 너머로

두려움은 우리가 아는 것의 경계 너머로 나아가게 한다. 두려움은 우리로 하여금 새로운 영역에 들어가도록, 지도에 없는 길을 가도록 한다. 미지의 영역에 다가가게 하는 것이 두려움의 힘이 가진

느낌은 어떻게 삶의 힘이 되는가

역할이다. 두려움의 힘과 적절한 관계를 맺지 못하면 무의식적으로 두려움이 우리의 삶을 조종하고 만다. 두려움이 가진 힘이 자연스럽게 드러나게 하면서 기꺼이 그 힘과 마주할 필요가 있다. 그럴 때에만 두려움이 가진 힘을 활용해 자신의 한계를 넘을 수 있다. 이때 우리는 두려움을 비롯한 모든 것이 원래의 모습 그대로임을 알아볼 것이다. 그리고 그렇게 알아볼 때 조건 없는 기쁨을 느낄 가능성이 더 크게 열린다.

기쁨, 감사하고 축하하는 힘

    기쁨은 바람의 요소를 지녔다. 기쁨을 느낄 때 우리는 흥분으로 가슴이 설레고 심장이 멎는다. 기쁨을 느낄 때 우리는 펄쩍 뛰어오르며 소리 지른다. 딛고 선 땅이 사라지는 느낌도 든다. 기쁨은 우리를 높은 곳으로 솟구치게 만든다. 기쁨의 힘은 우리를 빛나게 하며 우리를 최고의 존재로 보이게 한다. 기쁨으로 인해 우리는 매력 있는 사람, 힘과 카리스마를 지닌 존재로 보인다. 이렇게 기쁨은 우리로 하여금 자연스러운 권위로 사람들을 리드하게 한다.

❊ 기쁨의 바탕에 깔린 기본 해석: "잘된 일이야."

❊ 기쁨에 상응하는 원소: 바람

❊ 기쁨이 지닌 목적: 감사

❊ 기쁨이 드리우는 그림자: 환상

❊ 기쁨이 가진 힘: 끌어당김

사회적 관점에서 본 기쁨

깊이 생각하지 않아도 기쁨이 느낌 가운데 슈퍼스타임을 알아보기란 어렵지 않다. 기쁨은 멋지다. 문화를 불문하고 사람들이 더없이 긍정적으로 여기는 유일한 느낌이다. "나 잘 지내."라고 말하는 사람은 지금 기쁨을 느끼고 있다. "널 봐서 좋아."라고 말하는 사람은 나를 좋아하며 기쁨을 느낀다고 말하고 있다.

아부그라이브 수용소에서 찍은 젊은 미군 병사의 충격적인 사진을 기억하는가?(이라크 수도 바그다드에서 서쪽으로 32킬로미터 떨어진 아부그라이브 시에 위치한 이라크 최대의 정치범 수용소. 이곳에서 2004년 대규모 학살사건이 있었다.-옮긴이) 고문으로 사망한 게 분명한 이라크인 앞에서 미소를 지으며 포즈를 취하는 어느 여군의 사진이다. 이 사진은 전 세계에 충격을 안겼다. 여군의 눈은 반짝거렸고 그녀가 느끼는 기쁨은 진짜였기 때문이다. 치켜세운 엄지손가락은 그곳에서 자행된 일을 그녀가 '잘된 일'로 여기며 행복해하고 있음을 그대로 보여준다.

"잘된 일이야!"

우리 몸에 기쁨을 일으키는 일이 일어났을 때 내리는 기본적인 해석은 '잘된 일'이라는 해석이다. '좋은 일', '멋진 일'로 부르기도 한다. 우리가 '잘된 일, 좋은 일, 멋진 일'로 경험하고 지각하는 일은 우리 내면에 기쁨을 일으킨다.

'잘된 일'이라는 해석이 기쁨을 일으킨다는 통찰은 더없이 명료해 보인다. 그런데 이 통찰에는 우리가 긍정적 느낌의 완벽한 예로 받드는 기쁨의 힘에 관한 깊은 의미가 담겨 있다. 세상에는 아기 기저귀를 갈며 기쁨을 느끼는 여성이 있는가 하면, 앞에서 보았듯이 적군을 고문하며 기쁨을 느끼는 여군도 있다. 두 사람 모두 자신의 행동을 '잘된 일'로 여긴다. 앞의 여성은 생물학적 프로그램 때문에, 뒤의 여성은 자신이 처한 특수한 사회적 조건과 믿음 때문에 그렇게 느낀다는 점만이 다를 뿐이다.

느낌은 어떻게 삶의 힘이 되는가

힘으로서의 기쁨

기쁨을 통해 우리는 삶을 축하한다. 기쁨을 느낄 때 우리는 무엇이 지금 나의 욕구를 충족하고 있는지 분명히 안다. 어떤 일을 '잘된 일, 옳은 일'로 규정한다는 것은 내가 원하는 대로 되고 있다는 뜻이다. 기쁨의 힘을 통해 우리는 삶과 관련된 일에서 내가 원하는 대로 되고 있음에 감사한다. 그러면서 기쁨의 힘을 더 강화시킨다.

이처럼 기쁨은 감사의 힘, 축하의 힘이다. 기쁨은 빛과 바람의 특성을 지녔다. 기쁨이 지닌 빛과 바람의 특성은 삶에 경쾌하게 다가가게 하며 세상의 아름다움을 알아보게 한다. 기쁨을 통해 나의 아름다운 면면이 빛을 발한다. 기쁨은 내가 모든 일을 경이롭게 대하고 있음을 주변사람과 세상 모든 존재에게 알린다. 그리고 이것이 나를 빛나게 한다!

기쁨은 감사다. 감사하는 사람은 세상을 비추는 빛처럼, 넘치는 카리스마로 사람들에게 호소력을 지닌다. 사람들은 감사하는 사람이 발하는 빛에 마법처럼 끌린다. 건강한 기쁨의 힘을 지닌 사람은 엉뚱한 곳에 한눈팔지 않고 세상의 아름다움을 제대로 느끼고 알아본다.

다른 힘과 마찬가지로 기쁨의 힘 역시 중요하고 의미 있는 일에서든 작고 사소한 일에서든 일으키고 경험할 수 있다. 아침에 일어나기 전 침대에 누워 따뜻하고 포근한 잠자리를 잠시 의식적으로 맛보는 것은 하루 중 처음 맞이하는 기쁨의 순간이다. 그 밖에도 따뜻한 물로 샤워하고, 코끝에 내려앉은 태양빛을 느끼며, 동료의 멋진 미소를 알아보는 것 역시 하루 중 기쁨을 느끼는 순간이다.

기쁨이 필요한 때

＊삶을 즐길 때

＊사랑을 할 때

＊어떤 일을 유머로 받아들일 때

＊내가 어떤 사람인지 알아야 할 때

＊삶의 목적을 발견하고 실현할 때

＊리더의 자리를 맡았을 때

＊건강한 관계를 맺어야 할 때

＊내면의 평화를 찾아야 할 때

＊카리스마를 키워야 할 때

기쁨의 힘은 삶의 작은 순간에도 존재하지만 삶의 축제 같은 날을 위해서도 존재한다. 기쁨의 힘은 건강한 아기를 낳는 무한한 기쁨과 영속되는 삶의 경이로움에도 있다. 이제 막 사랑에 빠진 황홀함에도, 중요 프로젝트를 성공적으로 마친 만족감에도 기쁨의 힘은 존재한다. 기쁨의 힘이 가진 또 하나의 중요한 역할이 있다. 기쁨에 자신을 내맡기고 따라갈 때 우리는 삶의 과업으로 인도받는다는

느낌은 어떻게 삶의 힘이 되는가

것이다. 우리의 존재 이유가 무엇이든 기쁨을 따라가면 필연코 '잘된 일'이라고 느낄 수 있다. 한마디로 기쁨에 가슴을 열 때 우리는 크고 작은 일에서 삶을 축하하는 법을 배울 수 있다.

기쁨은 좋은 느낌인가, 나쁜 느낌인가

여느 느낌의 힘과 마찬가지로 기쁨 자체도 좋은 것도 나쁜 것도 아니다. 자신이 옳은 일을 하고 있다는 확신과 이에 따르는 기쁨의 힘은 예컨대 히틀러처럼 대중을 휘어잡는 강력한 지도자를 만든 원천이다. 그런데 이 기쁨의 힘은 테레사 수녀가 옳은 일을 한다는 확신에서 느낀 기쁨과 다르지 않다. 믿기지 않겠지만 기쁨 자체는 중립적이다. 기쁨으로 만들어진 것을 어떤 의도로 사용하는가가 기쁨이 어디로 흘러갈지 결정한다.

물론 기쁨에도 어두운 그림자가 드리운다. 자기기만과 자기부정이 그것이다. '눈에 콩깍지가 씌었다'는 속담처럼 기쁨은 우리를 달콤한 환상에 빠트린다. 분홍색 구름에 올라타 있다고 느낀다. 하지만 그것은 '좋은 일'도, '잘된 일'도 아니다. 이때 기쁨은 받아들이고 싶지 않은 일을 감추는 가면에 불과하다. 이때도 좋고 나쁨을 결정하는 것은 기쁨 자체가 아니다. 기쁨 뒤에 무엇이 있는가, 기쁨이 어디를 향하는가가 그것을 결정한다.

기쁨이 없으면 힘도 없다

기쁨이 부족할 때 삶은 견디기 힘들어진다. 어떤 일을 좀체 '옳은 일, 잘된 일, 아름다운 일'로 해석할 마음이 들지 않으면 삶을 지속하기 어렵다. 팩팩거리고 툴툴거리고 징징대며 자신과 주변사람을 힘들게 한다.

안타깝게도 인간의 생물학적 기질은 옳은 일, 잘된 일을 먼저 알아보도록 만들어지지 않았다. 잘못된 일, 무서운 일, 안타까운 일에 우선 집중하도록 프로그래밍 되었다. 우리가 이런 식으로 프로그래밍 된 까닭이 있다. 잘된 일이라는 해석과 달리 '부정적 상황'은 우리의 생존을 위협하기 때문이다.

백 가지 긍정 피드백에 하나의 비난 피드백만 섞여 있어도 우리의 마음은 크게 소용돌이친다. 우리들 대부분이 이런 일을 겪어보았다. 자신에 관한 긍정 피드백에 섞인 부정 피드백을 적절히 해석하는 데는 꽤나 의식적인 노력이 필요한데 그것은 우리가 일상생활에서 뜻대로 되지 않는 일에 더 주의를 기울이도록 프로그래밍 되었기 때문이다. 이미 순조롭게 되어가고 있는 일, 옳은 일, 좋은 일에는 딱히 주의를 기울일 필요가 없다.

잘못된 일에 더 주의를 기울이도록 만들어진 부정적 프로그래밍은 인간의 다른 생물학적 프로그램과 마찬가지로 많은 점에서 우리에게 도움을 주었다. 그런데 다른 프로그램과 마찬가지로 부정적

의식적으로 기쁨 일으키기

우리의 일상에는 순조롭게 흘러가는 작은 일이 많다. 그러나 순조롭게 흘러간다는 이유로 우리는 그런 일에 별로 감사하지 않는다. 그러나 문제없이 흘러가는 작은 일 하나하나를 통해 기쁨을 느끼는 기회를 가질 수 있다. 추운 바깥에서 따뜻한 재킷을 입고 있다는 사실에 행복할 수 있다. 아이가 학교에서 무사히 돌아온 사실에 감사할 수 있고, 따뜻한 물로 샤워할 수 있다는 사실에 고마워할 수 있다. 지금 이 책을 읽고 있다는 사실에도 행복을 느낄 수 있다.

그러나 이 행복은 당신이 기쁨을 일으킬 때에만 일어난다. 우리가 작은 일에 감사하지 않는 이유는 그 일이 잘된 일, 아름다운 일이 아니라서가 아니라 그 일에 주의를 기울이지 않기 때문이다. 우리는 대개 순조롭게 흘러가지 '않는' 일에만 주목한다.

하루 중 몇 번만이라도 잠시 멈춰 그 순간 잘된 일, 아름다운 일에 주의를 기울이는 습관을 들여보자. 잠깐의 순간, 사소한 일도 괜찮다. 어떤 일에 행복을 느끼는가는 중요하지 않다. 그 일을 '잘된 일'로 해석하며 기쁨을 느낀다는 사실이 중요하다. 원하는 만큼 자주 기뻐하자. 기쁨은 너무도 멋진 느낌이어서 특별히 아름다운 상황에서만 기뻐하기는 아쉽다.

프로그램 역시 흔히 적절한 정도를 지나치고 만다. 많은 사람이 잘 못된 일, 불행한 일, 불안한 상황에 '지나치게' 집중하는 나머지 삶의 기쁨을 잃은 채 산다. 우울증은 이런 관점으로 부정적 프로그램을 바라볼 때 생기는 자연스런 결과다. 여러 연구에 따르면 우울증을 앓으면서도 기쁨 일기를 쓰는 사람은 항우울제를 처방받은 대조군에 비해 상태가 현저히 호전된다고 한다. 일기장을 갖고 다니며 그때그때 경험하는 사소한 기쁨을 적어보자. 기쁨 일기를 꾸준히 쓰면 좋은 일, 잘된 일을 더 많이 알아보게 되어 몸에서 일어나는 기쁨의 힘도 더 커진다.

기쁨이 지나치면

한편, 자연스럽게 불쾌함을 일으키는 일마저 '잘된 일'로 습관적으로 해석하는 사람도 많다. 이런 '긍정 습관'은 부정적이고 불쾌한 느낌은 피하고 기쁨만 경험하게 해주는 것처럼 보인다. 최근 유행하는 긍정적 사고positive thinking도 이런 원리에 바탕을 둔다. 과도한 기쁨을 일으켜 행복한 삶의 열쇠로 삼는 것이다. 그러나 안타깝게도 이 전략은 환상의 세계에 빠져 사는 결과를 낳기 쉽다. 극단으로 치달을 경우, 불쾌한 일은 무엇이든 부정하고 억압하며 사실과 다르게 해석하고 만다. '무슨 일이 있어도 미소 지으라', '어두운 면은 절대 보지 말라'는 주문은 단기적으로 즐거움을 줄지 몰라도 장기적으로는 불만족이라는 질병을 낳는다. 우리 모두는 삶에서 아름다운 일, 잘된 일이 아닌 해석을 요구하는 일에 맞닥뜨린다. 이 사실을 부정한다면 빛과 그림자라는, 삶의 본질적인 이원성을 외면하는 꼴이 된다.

무조건적 기쁨을 느낄 수 있다

사람들이 깊은 기쁨을 진정으로 맛보는 방법이 있다. 그것은 위대한 질서가 자연스럽게 드러나는 상태로 우리의 의식이 진화하는 것이다. 그럴 때 우리는 모든 일이 '잘된 일'임을 깨닫는다. 앞서 말한 분홍색 구름을 타는 것처럼 들릴지 모르지만 분명히 구분할 필요가 있다. 진실에 대한 참된 이해는 무엇도 제외시키지 않는다. 잘못된 일, 끔찍한 일, 안타까운 일을 포함한 모든 것이 진실에 대한 이해에 포함된다.

감정 작업을 통해 우리는 두려움과 분노, 슬픔의 느낌을 온전히 껴안는 법을 배울 수 있다. 이 느낌들을 '잘된 일'로 경험할 수 있고 심지어 즐길 수도 있다. 각각의 느낌이 지닌 힘과 아름다움을 알아보고 음미하며 사랑하는 법을 배울 수 있다. 느낌의 힘을 의도적으로 알아보고 음미하고 사랑할 때 우리는 삶과 접촉한다. 사랑하고 투쟁하고 창조하고 감사한다. 원치 않는 느낌을 일으키는 해석이라는 이유만으로 특정 경험을 부정할 필요가 없어진다. 무엇이든 있는 그대로의 것에서 기쁨을 느낀다. 우리가 속한 더 큰 섭리를 알아보는 데서 진정한 기쁨을 느낀다. 이제 우리 존재의 깊은 곳에 진정한 기쁨이 닻을 내린다.

기쁨은 살면서 누구나 간절히 원하는 느낌이다. 그러나 무조건적 기쁨을 우리 내면의 살아 있는 진리로 경험하려면 내면의 어두운 골짜기를 반드시 지나야 한다. 수치심이라는 다섯 번째 느낌이 바로 그것이다. 지금부터 수치심에 대해 살펴보자.

기쁨이 지나치면	순진해진다 진정성이 줄어든다 피상적이 된다 다른 느낌들을 무시한다	+
	기쁨	
기쁨이 부족하면	우울해진다 불만이 커진다 외로워진다 매력이 줄어든다	−

느낌은 어떻게 삶의 힘이 되는가

수치심, 나를 돌아보는 힘

우리에게 없길 바라는 또 하나의 느낌이 바로 수치심이다. 어딜 가든 수치심은 우리를 따라온다. 가장 부적절한 때에 수치심은 내가 세상에 태어나지 않았어야 한다고 생각하게 만든다. 수치심은 나의 존재를 고통스럽게 자각하게 한다. 심술궂게 찡그린 얼굴로 자기 얼굴을 빤히 들여다보며 조롱한다. '내가 잘못되었다'고 생각하면서 이 상황에서 벗어날 길이 없다고 느낀다.

수치심은 원소에 비유하면 에테르에 해당한다. 에테르는 물리학자, 형이상학자, 철학자들이 오랫동안 그 존재에 관해 논쟁을 벌인 불가사의한 원소다. 만약 어떤 물질이 모든 것에 스며 있다면 그것을 지각하기는커녕 존재한다는 사실조차 알기 어려울 것이다. 그런데 이런 사정은 우리의 자아self에도 똑같이 적용된다. 나의 세계 어디에나 스민 수치심은 '나'라는 거울을 통해서만 다가갈 수 있다. 신경과학자, 유전학자, 철학자들이 에테르의 성격을 지닌 자아의 실체를 찾으려 했지만 아무것도 발견하지 못했다.

수치심

＊수치심의 바탕에 깔린 기본 해석: "내 잘못이야"

＊수치심에 상응하는 원소: 에테르

＊수치심이 지닌 목적: 자기성찰

＊수치심이 드리우는 그림자: 자기비하

＊수치심이 가진 힘: 겸손

에테르와 마찬가지로 순수한 형태의 수치심에는 분노, 슬픔, 두려움, 기쁨의 네 가지 느낌이 모두 담겨 있다. 분노는 '나의' 잘못된 부분을 변화시키게 하고, 슬픔은 '내가' 바꿀 수 없는 부분을 받아들이게 한다. 두려움은 '내가' 무서워하는 대상과 마주하게 하고, 기쁨은 '나의' 좋은 부분을 즐기게 한다.

"내가 문제야"

수치심을 일으키는 원인은 '내가 잘못한 일'이라는 해석이다. 수치심은 다섯 가지 느낌 중 유일하게 주변 세계가 아닌 자기 자신에게 향하는 느낌이다. 수치심은 외부의 어떤 일을 잘못된 일, 끔찍한 일, 안타까운 일로 해석하는 것이 아니라 이 해석을 에테르처럼 모든 것에 스민 '자아'에 적용시킨다. 따라서 수치심을 느낀다는 것은 자신을 돌아보는 능력과 관계가 있다. 우리의 심리 풍경을 이루는 수치심의 느낌이 인간의 의식 진화 과정에서 자아감sense of self의 출현이라는 중요한 단계와 함께 발달한 이유도 그것이다.

이런 이유로 수치심은 성경의 창조 이야기에서 중요하게 다루어진다. 아담과 이브가 선악과를 먹은 뒤에 옳고 그름에 대한 자각이 일어난 순간, 그들은 있는 그대로의 자신에게 수치심을 느꼈다. 아담과 이브에게 바뀐 것은 오직 그들의 의식이었다. 별안간 자기를 돌아보는 능력을 갖게 되면서 자신의 부족한 부분을 알아보게 된 것이다.

자기를 돌아보며 '옳음'과 '잘못됨'을 인식하는 능력으로부터 자아가 생겨난다면 '자아'는 수치심을 느끼는 능력과 밀접히 관련된다. 따라서 '자아'와 원만한 관계를 유지하려면 수치심의 참된 본질을 이해하고 그에 따른 적절한 해석을 내려야 한다. 그럴 때에만 우리는 수치심을 통해 겸손해질 수 있다. 겸손한 자기성찰 의식을 통해 얼핏 부족해 보이는 자신의 일면과 화해할 수 있는 것이다.

사회·문화적 관점에서 본 수치심

그런데 수치심의 느낌은 지금껏 크게 오용되어 왔다. 건전한 조절 기능을 하지 못하고 사람들을 자기비난과 자기사랑 결핍에 가두는 수단으로 남용되었던 것이다. 아이들은 어릴 적부터 자신의 어떤 부분을 부끄러워해야 하는지 배우며 자란다. 원죄 사상은 모든 기독교 신자에게 무거운 짐처럼 지워져 있고 면죄부 판매는 중세 교회의 가장 수지맞는 사업이었다. 교회는 사람들의 수치심을 보란 듯이 착취했다.

그러나 요즘 사람들에게 수치심은 그다지 인기가 없다. 많은 사람이 수치심이라는 착취 수단에 맞서 건전한 방어기제를 갖춘 것처럼 보인다. 그러나 이제 사람들은 반대쪽 극단으로 치닫고 있다. 아이들은 자신이 얼마나 '멋진 사람'인지 끊임없이 들으며 자란다. 이것이 아이들의 자신감을 키워준다고 믿기 때문이다. 그러나 안타깝게도 아이들은 자신의 가치를 바르게 알기보다 자아도취에 빠질 가능성이 높다. 지나친 자기비난과 과도한 자기중심의 양극단에서 벗어나 건강하고 균형 잡힌 자기와의 관계를 설정하는 일이 중요하다. 그리고 여기에 도움을 주는 수치심의 느낌에 새롭게 눈떠야 한다.

힘으로서의 수치심

수치심을 통해 우리는 자신을 알게 된다. 자기를 돌아보며 지금보다 더 발전할 수 있다. 수치심을 통해 '내가 틀렸다'는 해석을 내리기도 하고 '내가 틀린 걸까?'라고 자문하기도 한다. 이때 우리의 주의는 자기 내면으로 향한다. 이것은 중대한 결단의 순간이자 심오한 해방의 순간이다. 온힘을 쏟아 자기 내면을 들여다보아야 하는 때가 있는가 하면, 자신에게 질문을 던지며 실수를 인정하는 것만으로 마음이 편해지는 경우도 있다.

이렇게 수치심의 힘으로 자기 내면을 성찰하고 나면 나머지 네 가지 느낌의 힘이 작용하기 시작한다. 이제 그 힘들은 나의 외부가 아니라 나 자신에게로 향한다(수치심이 일어나지 않은 경우에는 네 가지 느낌이 언제나 나의 외부를 향한다-옮긴이). 수치심을 느낀 뒤 가령 분노가 일어난다면 나의 어떤 부분이 잘못되었는지 알고 그것을 변화시킬 힘을 얻는다. 수치심을 느낀 뒤 슬픔이 일어난다면 마음에 들지 않지만 당장 바꾸지 못하는 자신의 성격과 행동을 받아들인다. 무엇보다 실수와 약점 투성이인 자신을 사랑할 수 있다. 한편, 수치심을 느낀 뒤 두려움이 일어난다면 내 안에 있는 미지의 영역과 마주하게 된다. 그곳에서 무엇과 맞닥뜨릴지 알지 못하는 채로 말이다. 마지막으로 수치심 뒤에 일어나는 기쁨의 힘은 내 안의 좋은 면, 잘된 면을 발견하고 감사하면서 그것을 더 강화시킨다.

수치심이 필요한 때

* 나의 한계와 실수, 약점을 인식해야 할 때

* 내가 슈퍼맨이 아님을 인정해야 할 때

* 겸손한 태도가 필요할 때

* 나의 불완전함을 받아들여야 할 때

* 나를 사랑해야 할 때

* 진정으로 용서를 구해야 할 때

* 더 큰 선善에 나의 재능을 바쳐야 할 때

이처럼 수치심은 자기를 돌아보는 힘이다. 수치심을 통해 자신을 알게 되고 겸손해지며 있는 그대로의 자신을 사랑하게 된다. 불완전한 나를 보완하지 않아도 지금 이대로의 자기를 사랑할 수 있다. 수치심의 힘을 느끼며 자신에게 주의를 향할 때 '나'는 그 힘이 향하는 또 하나의 대상이 된다. 수치심을 느낌으로써 지금껏 나의 자아를 가리고 있던 안전공간에서 벗어난다. 이제 나의 맹점이 눈에 들어온다. 지금부터 나는 나의 행동과 성격 특성에 대해 주도적으로 '잘못되었다, 안타깝다, 잘되었다, 무섭다'는 해석을 내린다. 이런 식으로 나 자신과 관계 맺을 수 있다.

건강한 수치심의 힘을 지닌 사람은 훌륭한 팀원이 된다. 그들은 자신의 좋은 점과 좋지 않은 점을 숨기지 않고 드러낸다. 완벽하려

느낌은 어떻게 삶의 힘이 되는가

고 애쓰지 않는 사람과 함께 일하면 마음이 놓인다. 그들은 타인의 실수에 눈감지 않으면서 그것을 용서할 줄 안다. 건강한 수치심의 힘을 지닌 사람은 모든 이에게 단점과 어려움이 있음을 이해한다.

수치심의 힘은 크고 작은 다양한 상황에서 필요하다. 수치심은 온가족이 차에 탄 채 출발을 서두르는 상황에서 차 열쇠를 잊고 왔음을 알게 된 순간에도 필요하다. 중요한 행사에 어울리지 않는 옷을 입었다는 걸 알아챈 일상의 순간에도 수치심은 필요하다. 또 수치심은 삶의 중요한 순간에도 우리를 따라온다. 나의 행동으로 사랑하는 사람에게 큰 상처를 입혔음을 알았을 때, 내가 제대로 준비하지 않아 중요한 프로젝트를 망쳤다는 사실을 알았을 때가 그렇다. 이런 순간은 불쾌하고 고통스럽다. 하지만 수치심의 힘을 통해 배움을 얻고 그 순간과 화해할 수 있다. 이 점에서 수치심의 느낌은 우리에게 매우 중요하다.

수치심은 좋은 느낌인가, 나쁜 느낌인가

다른 느낌의 힘과 마찬가지로 수치심 역시 좋은 느낌도 나쁜 느낌도 아니다. 우리는 수치심이 지닌 자기성찰의 특성 덕에 자신에 관해 더 잘 알 수 있다. 나아가 자신의 강점과 약점을 책임 있게 다룰 수 있다. 아니면 수치심에 빠져 자신의 약점을 자기비난의 기회로 삼을 수도 있다. 수치심은 거울과 같다. 눈에 보이는 자기 모습에 어떻게 반응할지는 우리 자신에게 달렸다.

수치심이 어두운 그림자를 드리울 때 그것은 자기부정으로 이어진다. 건강한 방식으로 자신을 돌아보지 못하고 자기를 학대한다. 자기를 바로잡는 대신 비난한다. 이때도 문제는 수치심 자체가 아니다. 수치심은 단지 우리 내면으로 주의를 향해 우리 자신을 보게 할 뿐이다. 중요한 것은 수치심의 이면에서 무엇이 그것을 밀고 가는가, 수치심이 어느 방향을 향하는가이다.

수치심이 부족하면

수치심을 못 느끼거나 수치심을 일으키려는 의도가 부족하면 부풀린 자아상을 갖게 된다. 수치심이 지닌 자기성찰의 특성으로 자아실현과 개인화individualization의 이상을 일정 정도 제어하지 않으면 고삐 풀린 자아도취로 이어지기 십상이다. 수치심을 느끼지 못하면 우리는 누구나 약점이 있는 존재라는 사실을 망각하게 된다. 그리고 나의 장점은 그것을 타인과 나눌 때에만 진정한 만족의 원천이 된다는 사실도 잊는다.

극단적인 예로 '내가 틀렸다'는 해석의 여지를 조금도 두지 않는 사람이 있다고 하자. 그는 자신을 바로잡지 못한다. 자신의 실수에 눈감을 것이며 자신의 실수를 지적하는 사람과는 만나지 않을 것이다. 실수하지 않는 사람이어야 한다는(또는 그런 사람으로 보여야 한다

느낌은 어떻게 삶의 힘이 되는가

는) 압박감이 그를 짓누른다.

　수치심을 느낄 의도가 없거나 기질상 수치심을 느끼지 못한다면 대인관계 기술은 심각한 영향을 받는다. 앞서 수치심을 못 느끼는 환자를 관찰한 신경생물학자 안토니오 다마지오는 수치심을 느끼지 못하는 결과를 이렇게 이야기한다.

> 당신이 공식 만찬이 끝난 뒤 잠시 몇 마디 해달라는 부탁을 받았다고 하자. 그러나 당신은 '일장연설'에 빠져 20분이 넘도록 계속 떠들고 있다. 청중은 참기 어렵다는 온갖 신호를 보내고 있다. 이 신호를 놓친다면 당신은 그저 계속해서 말할 것이다. 그러나 만약 당신이 당황스러움을 느낀다면 속으로 이렇게 말할 것이다. "이런, 말이 너무 많았군. 이제 그만." 불편한 느낌이 일어난 덕에 당신은 자신에게 이로운 행동을 할 수 있다.

수치심이 우리를 완전히 집어삼킬 때

　반대로 수치심이 과도해도 자신의 강점과 약점을 적절히 다루는 데 어려움이 생긴다. 수치심이 부족하면 자기 잘못을 끝까지 부정하거나 다른 사람에게 잘못을 씌우는 반면, 수치심이 지나치면 강박적인 완벽주의로 이어진다. 완벽한 척해야 할뿐 아니라 실제로 '완벽해야' 한다. 우리 몸에서 끊임없이 일어나는 과도한 수치심은 자신의 사소한 단점에도 잔인하리만치 또렷이 주의를 향하게 한다. 이때 삶은 자신의 불완전함에 대항하는 분투가 된다. 그런데 이것은 근본적으로 패할 수밖에 없는 분투이다.

지나친 수치심은 종종 세상과의 갈등을 피하는 방법이 되기도 한다. 수치심을 갈등을 피하는 도피처로 삼는 것이다. 수치심을 과도하게 느끼는 사람은 지금 자신이 갈등을 겪고 있는 세상에 대해 말하기보다 계속해서 자신에 대해 이야기한다. 그는 자신과의 관계에서 일관되게 '내가 틀렸다'는 입장을 취한다. 수치심의 이런 메커니즘은 자기 외부의 잘못된 일, 무서운 일, 안타까운 일을 바꾸지 못하는 자신의 무력함으로부터 벗어나는 편리한 도피처가 된다.

지나친 수치심은 급기야 관계를 회피하는 수단으로 전락한다. 타인과의 관계뿐 아니라 삶 자체와 관계 맺기를 피하는 방법이 되기도 한다. 다음 예는 이것을 잘 보여준다. 함께 산책을 나간 친구가 이제 막 내리는 비를 보고 투덜댄다. 그 즉시 나는 애당초 산책을 제안한 '나의 잘못'이라고 느낀다. 아니면 우산이 필요할지 모른다고 미리 얘기하지 않은 나의 잘못이라고 여긴다. 심지어 내가 살아 있다는 사실 자체가 잘못이라고 느낄 수도 있다. 상상력을 발휘해 자기비난의 해석 논리를 끝없이 지어낸다. 모든 상황을 자기 잘못으로 돌리는 터무니없는 논리를 어떻게든 찾아내고야 만다.

수치심이 지나치면	완벽주의자가 된다 자기를 비하한다 불안정해진다 자기를 의심한다	+
수치심		
수치심이 부족하면	자기중심적이 된다 거만해진다 사과할 줄 모른다	−

앞의 사례에서 나는 수치심을 느낌으로써 지금 내리는 비가 '안타까운 일'이라는 해석과 마주하지 않는다. 또 비를 '잘못된 일'로 해석하는 성질 급한 친구를 어떻게 대해야 할지 '무섭다'는 해석도 피하고 있다. 다시 말해 나는 수치심을, 비를 맞으며 걷는 산책에 느끼는 슬픔과, 친구의 화에 느끼는 두려움을 피하는 구실로 삼고 있다. 그런데 이때 비 맞는 산책에 느끼는 슬픔을 있는 그대로 순수하게 경험하면 어떨까. 어쩌면 나의 가슴이 사랑에 열릴지도 모른다. 또 순수한 슬픔의 느낌을 통해 예상과 다르게 일어난 일을 받아들일 수 있다. 어쩌면 우산 없이 비를 맞는 산책이 얼마나 멋진 경험인지 난생 처음 알아볼지 모른다. 또 친구가 화를 낼지 모른다는 두려움으로 친구와의 상호작용에서 전에 없던 가능성과 만남의 차원을

발견할 수도 있다. 화난 사람 곁에 있어도 '죽지 않는다'는 걸 알 수도 있고, 쉽게 화내는 친구의 미숙한 행동에 분노의 힘으로 일정한 선을 그을 수도 있다. 슬픔과 두려움을 있는 그대로 느낄 때 우리 앞에는 이처럼 많은 가능성이 펼쳐진다. 누가 알겠는가.

수치심을 구실로 이런 느낌들을 회피하지 말아야 한다. 그럴 때 친구와 주변상황, 비 그리고 삶 자체와 새로운 차원에서 관계를 맺을 수 있다. 과도한 수치심을 느끼는 본래 목적은 관계 맺기를 피하는 것이다.

내가 내리는 해석 확인하기

다음번에 어떤 일로 강렬한 느낌이 일어날 때 내 마음의 초점을 외부 사건에서 잠시 거두어 느낌의 실제 원인인 해석에 맞춰보자. 분노, 슬픔, 두려움, 기쁨, 수치심 등 그 순간 느끼는 느낌에 따라 자신에게 이렇게 물어본다. "나는 지금 무엇을 잘못된 일로 보는가? 무엇을 안타까운 일로 여기는가? 무엇을 무서운 일로 보는가? 무엇을 잘된 일로 보는가? 어떤 방식으로 내가 잘못한 일이라고 보는가?" 가능한 주의를 기울여 이 질문에 답해본다.

감정 나침반

지금까지 분노, 슬픔, 두려움, 기쁨, 수치심의 다섯 가지 느낌과 이 느낌들의 바탕에 깔린 해석에 대해 전체적으로 살펴보았다. 지금부터는 '부정적인' 느낌이 실제로 어떤 것인지 살펴보자. 우리는 다섯 가지 느낌 가운데 주로 기쁨만을 '긍정적인' 느낌으로 여긴다. 왜 그럴까? '잘못된 일(분노), 안타까운 일(슬픔), 끔찍한 일(두려움), 잘된 일(기쁨), 내가 잘못한 일(수치심)'이라는 해석과 이것이 일으키는 느낌 가운데 '잘된 일'이라는 해석만이 우리가 원하는 대로 되었을 때 적용되는 해석이기 때문이다. 원하는 대로 되었을 때 우리는 지금 일어나는 일을 '잘된 일'로 해석하며 그로부터 행복을 느낀다. 그밖의 해석은 모두 우리가 바라는 바와 다르게 되었을 때 내리는 해석이다.

　이것을 감안하면 기쁨은 '좋은 느낌', 그 밖의 느낌은 모두 '나쁜 느낌'으로 단순하게 분류하는 것도 무리가 아니다. 그러나 삶과 만물의 질서를 하나의 전체로 생각할 때 이런 식의 단순한 분류는 도움이 되지 않음을 알게 된다. 언제나 우리가 원하는 대로 될 것이라는 기대가 과연 현실적일까? 원하는 대로 되지 않는 일이라고 무조건 무시해야 할까? 상황에 적절히 대처하는 데 느낌의 힘이 가장 필요한 때는 우리가 바라는 대로 되지 '않는' 상황에서다.

　앞서 말했듯이 분노, 슬픔, 두려움, 기쁨은 나의 외부를 향하는 느낌이다. 이 느낌들은 우리가 특정한 상황에 적절히 대처하도록 돕는다. 이 네 가지 느낌이 우리의 '감정 나침반'을 구성한다. 한편, 다섯 번째 느낌인 수치심을 통해서는 네 가지 느낌의 힘을 '자기 자신'에게 적용한다. 우리가 커다란 분노와 슬픔, 두려움, 수치심을 느끼는 원인은 성질 고약한 운명의 장난 때문이 아니다. 그렇다고 별난 생물학적 기질의 결함 때문도 아니다. 그것은 끊임없이 변화하는 삶의 상황에 적절히 대처하는 데 이 느낌들이 필요하기 때문이다. '긍정적인' 하나의 느낌(기쁨)만을 인정하고 나머지 느낌을 모조리 부정한다면 내가 바라는 바와 다른 상황에 적절히 대처하기 어렵다.

　부정적 느낌을 모조리 부정한다면 필요한 때 나를 위해 분명한 입장을 취할 수도 없다. 내가 바꾸지 못하는 일과 화해할 수 없고 삶에서 무력감을 느낀다. 앞으로 나아가는 데 필요한 장비가 먼지를 뒤집어쓴 채 지하실에 묵혀 있는 꼴이다. 그러면서도 이 사실을 보지 못한다.

'부정적 느낌'은 우리가 활용할 수 있는 장비다. '부정적 느낌'이라는 장비가 없다면 우리가 가진 네 개의 감정 나침반 가운데 세 개를 잃어버리는 불리한 상황에 놓인다(분노, 슬픔, 두려움, 기쁨의 네 개 느낌 가운데 분노, 슬픔, 두려움이 '부정적 느낌'이다-옮긴이). 인간의 의식은 진화 과정에서 부정적 느낌이 가진 힘을 발달시켜 왔다. 그러면서 자신에게 적대적인 상황에 대한 심리적이고 실제적인 대처 수단으로서 일정한 에너지와 신경생물학적 메커니즘이 우리 안에 만들어졌다. 우리에게 부정적 느낌이 필요한 이유는 우리가 좋아하는 느낌(기쁨)과 균형을 맞추기 위해서만은 아니다. 인간이 지구상에서 살아가는 근원적인 기술로서 부정적 느낌이 필요하기 때문이다.

'부정적 느낌'은 우리에게 해로운가

'부정적' 느낌에 대한 우리의 반감은 매우 뿌리 깊다. 실제로 많은 사람이 부정적 느낌을 불편해할 뿐 아니라 그것이 자신에게 해를 입힌다고 생각한다. 샌프란시스코대학 정신의학과의 마거릿 케미니 Margaret E. Kemeny 교수는 수십 년간 인간의 감정생활과 면역계의 상관성을 탐구하는 광범위한 연구를 수행했다. 연구를 수행한 그녀 자신도 연구 결과에 놀랐다. '부정적' 느낌과 '긍정적' 느낌을 자유롭게 느끼고 표현할 때 면역계에 미치는 영향이 두 경우가 완전히 동일하다는 사실이 드러난 것이다. 케미니 교수의 연구는 긍정적 느낌이든 부정적 느낌이든 그것을 자유롭게 일으키고 받아들인다면 면역계 전반, 특히 T세포의 활동이 증가함을 보였다(T세포: 면역에 관여하는 림프구 중 하나로 몸 안에 침입한 세균, 바이러스를 파괴한다. 특히 암세포를 직접 공격하고 파괴한다고 알려져 있다-옮긴이). 그녀의 연구는, 느낌을 경험하는 동안 우리의 신체 저항력이 증가한다는 사실도 보였다. 그 느낌이 기쁨인가, 두려움인가, 분노인가, 슬픔인가는 상관이 없었다!(Moyers, 1993)

이른바 '부정적 느낌'이 우리에게 해롭다는 생각은 더 이상 근거가 없다. 오히려 반대다! 슬픔을 마음껏 일으키고 드러낼 때 면역계는 기쁨, 분노, 두려움의 느낌에 반응하는 것과 완전히 동일한 방식으로 반응한다. 그러다 이 느낌들 중 하나가 쌓이고 쌓여 감정emotion으로 변질될 때 신체는 만성적 혼란 상태에 빠진다. 그렇게 되면 면역계는 그 감정이 몸에 해로운 영향을 미치고 있다는 분명한 신호를 보낸다.

느낌이 쌓이고 쌓이면 감정으로 변질된다고 했다. 그런데 이것이 감정 불균형을 일으키는 유일한 원인은 아니다. 2부에서는 우리가 건강하지 못한 방식으로 느낌을 다루는 다섯 가지 방식에 대해 살펴본다. 안타깝게도 이 다섯 가지 방식은 우리 주변에서 흔히 볼 수 있는 현상이다. 다섯 가지 방식 모두가 우리의 감정 역량emotional competence을 키우고 사용하는 데 방해가 된다(감정 역량: 자신의 감정을 완전히 자유롭게 표현하는 능력을 말하며, 감정을 인지하는 감정지능 emotional intelligence에서 비롯한다. 감정지능의 또 다른 용어–옮긴이).

느낌은 어떻게 삶의 힘이 되는가

Part2

무엇이 감정지능을 가로막는가
What Blocks Emotional Intelligence

감정을 치유하는 방법을 알려면 먼저 우리를 감정적으로 힘들게 하는 메커니즘을 이해해야 한다. 감정 질병을 일으키는 여섯 가지 기본 메커니즘은 얼핏 달라 보여도 한 가지 공통점이 있다. 모두가 느낌을 회피하는 전략이라는 것이다.

✳

감정 치유의 문제를 처음 살피던 당시, 나는 '감정적으로 건강한 사람'이란 구체적으로 어떤 사람인가에 관하여 방향을 잡지 못했다. '균형' 같은 단어가 머릿속에 떠올랐지만 감정 치유라는 맥락에서는 적절해 보이지 않았다. '감정의 균형을 잡는 다'는 게 대체 무슨 뜻일까? 늘 행복하고 친절하며 기분이 좋다는 뜻인가? 분노와 슬픔, 두려움의 느낌이 완전히 사라져 조금도 일 어나지 않는다는 의미인가? 일어나긴 해도 감염병에 면역되듯이 그 느낌에 면역이 되었다는 뜻인가? 이런 물음은 나를 고민에 빠 뜨린 수많은 질문 중 일부에 불과하다.

신체 차원에서는 '질병과 통증이 없는 상태'를 건강한 상태로 정의할 수 있다. 그렇다면 감정 차원에서는 어떤 상태를 '질병'으로 간주해야 할까? 무엇보다 '감정 질병'이 정신병리학이나 정신의학에서 말하는 정신 질환이 아니라는 점은 분명했다. 그런데 감정 건강이 나와 주변 사람에게서 실제로 보는 모습과 다르다는 점도 마찬가지로 분명했다. 안타깝게도 내가 유럽과 아시아, 호주, 북남미와 중미에서 만난 사람들도 크게 다르지 않았다. 그들 역시 감정 건강과 거리가 멀었다. 나는 감정 질병과 관련한 증상으로 먼저 '감정 불감증'이나 '통제력 결핍' 같은 단어가 떠올랐다. 그렇다면 어디에서 선을 그어야 하는가? 어디까지가 느껴도 괜찮은 느낌인가? 어떤 것이 '건강한' 느낌이고 어떤 것이 '건강하지 않은' 느낌인가?

"기분이 안 좋다"는 표현은 지금 화가 나거나 슬프거나 무섭다는 의미다. 한편 "기분이 좋다"는 표현은 마음이 기쁘다는 것을 의미한다. 슬프거나 무서운데도 '기분이 좋다'고 여기는 사람은 보기 힘들다. '감정적 균형'이라고 하면 우리는 대개 행복해하고 만족감을 느끼는 사람을 떠올린다. 화난 사람, 슬퍼하고 무서워하며 수치심을 느끼는 사람을 감정적 균형을 이뤘다고 보지는 않는다.

감정의 자기치유 여정에서 내가 가장 먼저 맞닥뜨린 어려움은 '감정 역량'은 물론이고 '감정 건강'에 관한 분명한 정의조차 찾기 어렵다는 사실이었다. 그런 정의가 있었다면 감정 치유의 여정에서 방향을 잡는 데 도움이 되었을 것이다. 나는 무엇이 감정 치유에 효과가 있고 없는지 스스로 알아가며 한 걸음씩 나만의 정의를 찾아야

느낌은 어떻게 삶의 힘이 되는가

했다. 이제 나는 '감정 건강'을 이렇게 정의한다. '일상의 삶에서 각각의 감정이 지닌 힘을 자유롭고 솔직하게 드러내며 그 힘을 적절히 사용하는 능력'이라고 말이다. 나에게 '감정 역량'이란 이밖에도 많은 면을 아우른다. '감정 역량'에 관한 다음 정의는 나의 책『부모를 위한 감정지능 안내서』에서 가져왔다.

감정 역량이란

❋ 자신의 느낌을 지각하는 능력

❋ 타인의 느낌을 알아보고 공감하는 능력

❋ 자신의 느낌을 의식적으로 일으키고 보살펴 특정 상황에
  적용하는 능력

❋ 자신의 감정과 느낌을 타인의 감정이나 느낌과 구분하는 능력

❋ 자신과 타인에게 해를 주지 않고 주의 깊게 감정 응어리를
  푸는 능력

❋ 다른 사람이 그들의 감정 응어리를 적절히 풀도록 돕는 능력

이 정의를 기준으로 보면 오늘날 자신이 감정 건강과 감정 역량을 갖췄다고 생각하는 사람이 많지 않음은 분명해 보인다. 주변 환경, 타인, 자신과 만족스러운 관계를 맺으려면 어떤 느낌이든 '힘'으로 사용할 수 있어야 한다. 만족스러운 관계는 슬픔, 수치심, 두려움, 기쁨을 느끼는 것만큼이나 분노를 느끼는 데도 달려 있다. 각각의

느낌은 인간을 구성하는 중요한 부분으로 삶의 근원적 일부인 역경을 경험하고 그것에 대처하는 열쇠가 된다. 느낌은 어느 것이든 우리의 신체 시스템에서 일정한 목적을 수행하고 있다.

나는 점차 수많은 요인이 작용해 감정 차원의 질병과 불균형을 일으킨다는 사실에 주목했다. 우리는 즉각적인 효과를 약속하는 감정 치유책에 끌리기 쉽다. 하지만 감정 치유에 관한 한, 즉각적인 해결책이란 존재하지 않는다. "사랑이 언제나 답이다" "용서하라, 그러면 그대의 가슴이 치유되리라" 같은 입에 발린 표현은 감정 질병과 감정 불균형이 간단히 해결될 수 있는 문제라는 환상을 심는다. 이런 표현은 우리의 느낌이 실제로 수행하는 다양한 기능을 고려하지 않는다. 감정 질병을 일으키는 요인과 행동을 제대로 알아야 하는 이유는 '감정 건강'이나 '감정 역량'보다 '감정 질병'에 관한 묘사에서 우리의 실제 모습과 만날 확률이 더 높기 때문이다. 감정 건강과 감정 역량은 우리의 실제 삶과 동떨어진 다소 이상적인 개념이다.

물론 여기에 소개한 한 가지 방식으로만 감정 불균형이 일어나는 경우는 드물다. 지금 말한 느낌을 하나도 느끼지 않는 사람이 없는 것처럼, 다섯 가지 느낌 모두를 지나치게 일으키는 사람도 찾아보기 힘들다. 대부분의 사람은 이 방식들이 결합된 형태로 감정 불균형을 일으킨다.

예컨대 어떤 사람은 두려움을 일으키지 않는 대신 수치심을 일으킨다. 그리고는 이렇게 일어난 수치심을 억압해 그것이 감정으로

느낌은 어떻게 삶의 힘이 되는가

쌓이고 만다. 어떤 느낌은 우리가 손을 쓸 수 없는 방식으로 일어나기도 한다. 예컨대 분노의 힘을 뒤늦게 사용하는 나머지 주변사람에게 피해를 입힌다. 슬픔은 로맨틱한 영화를 볼 때나 겨우 느끼며, 기쁨은 유독 아름다운 일이 있을 때만 겨우 모습을 드러낸다. 그때조차 기쁨의 크기는 미미하다. 이때 우리는 소중한 느낌을 낭비하지 말고 아껴야 한다고 여긴다. 의심스러울 때는 삶이 더없이 아름답다고 선언하기보다 어떤 것을 비판하는 쪽이 더 안전해 보이기 때문이다.

여기에 정리한 특성들이 실제로 감정 질병의 증상이라고 진지하게 주장하는 사람은 거의 없다. 그럼에도 우리는 감정이 지닌 잠재력을 충분히 활용하지 못한 채 허비하고 남용하며 억누르고 무시하며 산다. 감정이 지닌 잠재력을 살펴볼 때 우리가 많은 경우 감정 불균형 상태에 있다는 사실이 더욱 분명히 드러난다.

감정 불균형과 그 원인

감정을 치유하는 방법을 알려면 먼저 우리가 자신을 감정적으로 힘들게 만드는 메커니즘을 이해해야 한다. 이 책에서는 감정 질병을 일으키는 여섯 가지 기본적인 메커니즘에 관해 이야기한다. 얼핏 달라 보여도 여기에는 한 가지 공통점이 있다. 모두가 느낌을 회피하는 전략이라는 것이다.

> ## 감정 불균형의 여섯 가지 원인
>
> 1. 느낌을 마비시킨다.
> 2. 느낌을 억누른다.
> 3. 애당초 느낌을 일으키지 못한다.
> 4. 느낌을 억누르는 대신 터뜨린다.
> 5. 느낌을 본래 목적과 다르게 사용한다.
> 6. 절대신념을 갖는다.

느낌은 우리가 그것을 느끼길 바란다. 하지만 우리는 느낌으로 온갖 것을 하면서도 정작 느낌을 제대로 느끼는 일은 드물다. 2부의 8장과 9장에서는 느낌 마비시키기와 느낌 억누르기라는, 느낌을 회피하기 위해 흔히 사용하는 전략에 대해 알아본다. 10장에서는 애초에 느낌을 일으키지 않는 현상을 살펴보고, 이것이 앞의 두 전략과 근본적으로 다른 점을 알아본다. 11장에서는 우리가 느낌을 피하는 방법이라고 좀체 알아보지 못하는 느낌 터뜨리기 전략에 대해 살펴본다. 특정 치료법에서 권하는 느낌 터뜨리기 방법은 느낌을 회피하는 또 다른 방법일 수 있다. 12장은 의도와 다르게 사용한 느낌, 즉 본래 목적과 다르게 사용한 느낌에 대해 살펴본다. 2부의 마지막 13장에서는 감정적 괴로움의 뿌리인 절대신념에 대해 살펴본다.

　　　　　　　　　　　　느낌은 어떻게 삶의 힘이 되는가

감정 불균형의 원인 ①
느낌을 마비시키다

가장 먼저 살펴볼 감정 불균형 현상은 우리 사이에 널리 퍼진 습관으로 느낌을 느끼지 않고 마비시키는 것이다. 느낌을 마비시킬 때 우리는 느낌이 수행하는 목적과 느낌이 비롯하는 원천에 대해 알지 못한다. 그러면서 무력감에 빠져 느낌을 꺼뜨릴 방법을 찾는다.

내가 보기에 사람들이 신경안정제와 각성제 등의 약물을 사용하는 목적은 감정상 이유 때문이다. 우리는 느낌을 '적게' 느끼려고 이런 약물을 먹는다. 느낌을 '더' 느끼려고 먹는 경우는 흔치 않다. 알코올의 힘을 빌려 우리를 얼어붙게 만드는 두려움을 마비시켜 술집의 아리따운 여성에게 너스레를 떨며 추파를 던진다. 거만한 사장과 나눈 괴로운 대화 뒤에 핏줄에서 솟는 분노를 가라앉히고 짜증난 신경을 진정시키려고 담배를 피운다. 담배 한 개비의 도움으로 내면에서 일어난 위험을 다스린다. 그러면서 삶을 다시 통제하고 있다는 착각을 일으킨다.

느끼는 능력을 잃어버리면

그러나 느끼는 능력을 잃어버릴 때 치러야 하는 대가는 매우 크다. 두려움과 분노, 슬픔을 느낄 수 없거나 느낄 의도가 없다면 다른 것을 느끼는 능력마저 잃고 만다. 느낌을 계속해서 마비시키면 우리가 소중히 여기는 기쁨을 경험하는 능력도 결국엔 잃게 된다.

특정 감각을 계속 무시하면 그것은 시들고 만다. 특정 신체 부위를 한동안 쓰지 않으면 그 부위의 감각이 줄어드는 것과 마찬가지다. 뇌의 특정 시냅스 연결을 활성화시키지 않은 채 그냥 두면 퇴화하고 만다. 그런데 대부분의 사람은 자기 내면의 느낌을 사소하게 여긴다. 그러니 그들에게 내면의 느낌을 느끼는 능력이 사라진 것은 놀라운 일이 아니다. 이렇게 되면 사는 게 따분해지고 재미가 없어진다. 얄팍한 할리우드 영화나 막장 드라마, 눈을 잡아끄는 액션영화라야 그나마 약간의 느낌이 일어나는 정도다. 우리는 텔레비전 광고의 사탕발림 이미지에 휘둘려 눈앞의 상황과 가까운 사람에게 소름끼칠 만큼 무관심해졌다. 그러다 어느 순간 삶에 대한 갈증과 느낌에 대한 욕망이 불현듯 일어나는 때가 온다.

느낌은 어떻게 삶의 힘이 되는가

스티븐 그린Steven D. Green은 느낌을, 다시 말해 삶을, 필사적으로 찾아 나선 극단적 사례다. 여기서 그의 이야기를 하는 이유도 그것이다. 그린은 이라크에 주둔한 젊은 미군 병사로 열네 살 여자아이를 성폭행한 뒤 아이의 가족마저 무참히 살해한 인물이다. 이라크 마흐무디야에서 일어난 이 끔찍한 학살 사건이 있기 불과 몇 달 전에 스티븐은 미국 기자 앤드류 틸먼과의 인터뷰에서 "사람을 죽이려고 이라크에 왔다"고 했다. 그의 말이다. "사람을 죽이는 것이 인생을 바꾸는 경험이 될 거라 기대했어요."(2006, 틸먼). 안타깝게도 그린은 자신의 기대가 충족되지 못했음을 인정했다. 그는 이어 이렇게 말했다.

> 교통검문소에 멈추지 않는 사람을 총으로 쐈어요. 별일도 아니었어요. 개미 한 마리 으깨는 것과 다르지 않았죠. 누군가를 죽인 뒤 '자, 피자 한 판 먹으러 가자'고 말하는 거랑 똑같아요.

느끼는 능력을 오래 전에 잃은 군인에게 이라크 전쟁의 참혹한 상황이나 타인의 생명을 짓밟는 일은 그리 대수롭지 않았다.

우리도 크게 다르지 않아

그린의 말이 충격적인 이유는 느낌을 점점 더 갈구하는 우리 사회의 경향을 역설적으로 보여주기 때문이다. 우리는 차갑게 식은 몸에 느낌의 불씨를 일으키려고 가상세계와 약물, 기계장치에 의존해 더 강렬한 스릴을 일으킨다. 냉정하고 차분한 삶의 기준에 맞춰 사는 사람일수록 살아 있음을 느끼는 데 더 크고 더 강한 자극이 필요하다.

그린은 예외적인 경우가 아니다. 그가 아니더라도 그저 지루하다는 이유로 무자비한 악행을 저지른 젊은 살인자와 폭력 범죄자의 사례는 얼마든지 찾을 수 있다. 이 젊은이들은 우리 사회에 만연한, 느낌을 느끼지 못하는 현상의 극단적인 예다. 하지만 우리도 내면에서 느낌을 느끼지 못하는 자기 자신을 본다. 이것은 우리가 느낌에 점점 둔감해지는 한편으로 느낌, 즉 강렬한 삶을 필사적으로 찾아나서는 현상으로 볼 수 있다.

이런 극단적 사례는 느낌이 부족한 정도가 다를 뿐 우리 사회의 나머지 부분과 크게 다르지 않다. 우리는 누구나 느낌을 느끼지 못하고 마비시키는 기본 메커니즘을 알고 있다. 많은 사람이 어릴 적부터 사탕 한 알로 울음을 그치는 법을 배운다. 사춘기가 되면 각성제 사용이 일상의 대처방식이 된다. 하지만 이렇게 가다 보면 목욕물을 버리다 아기도 함께 버리는 비극적인 결과에 이르고 만다.

우리는 악순환에 빠져 있다. 기쁨과 사랑, 공감을 많이 느끼고 분노와 두려움, 슬픔을 적게 느끼려 애쓰지만 그럴수록 실패가 예정되어 있기 때문이다. 산다는 것은 '느끼는 것'이다. 느낀다는 것은 어떤

느낌은 어떻게 삶의 힘이 되는가

느낌도 예외 없이 그 전체 스펙트럼을 느끼는 것이다. 삶의 면면과 제대로 만나려면 삶의 스펙트럼 전체가 필요하다.

느낌을 마비시키면 어떤 일이 벌어질까? 단호하게 닫아건 느낌이라는 문 뒤에서 어떤 일이 벌어지고 있을까? 느낌은 존재하지 않는 걸까? 아니면 우리 스스로 느낌을 마비시킨 나머지 그것을 인지하지 못하는 걸까? 실제로 존재하는 느낌인데도 그것을 느끼지 못하면 어떻게 될까?

평소 잘 지내던 회사 동료가 사소한 일로 느닷없이 나를 쏘아붙였다고 하자. 나는 그 자리에서 내 의견을 말하지 못한 채 혀를 깨물며 자리로 돌아가 평정을 찾으려 애쓴다. 나약한 모습은 어떤 일이 있어도 보이고 싶지 않다. 동료의 말 때문에 마음이 불편하다는 사실도 드러내고 싶지 않다.

그런데 자리에 돌아와서는 이전만큼 일에 집중하지 못하는 자신을 본다. 서랍에 넣어둔 비상용 초콜릿으로 자신을 달랜다. 당이 떨어져 그렇다며 스스로를 위로한다. 커피를 핑계로 탕비실을 수도 없이 들락거린다. 오래된 이메일에 답을 쓰고 중간 중간 유투브 동영상으로 오후 시간을 때운다. 그러다 퇴근 즈음에야 기분이 좋지 않음을 알아챈다. 하지만 정작 기분이 나쁜 진짜 이유는 알지 못한다.

집에 돌아와서는 쾌활해지려 애쓴다. 하지만 내가 진짜 원하는 건 혼자 느긋이 평화롭게 조용한 시간을 갖는 것이다. 마음에 드는 지적인 영화를 보며 맥주를 곁들인 저녁 식사로 마음을 달랜다. 잠자리에 들 즈음엔 모든 일이 희미한 잿빛으로 흩어지는 듯하다. 애초에 회사 동료 때문에 일어난 분노는 흔적도 찾을 수 없다. 하지만 겉으로 보이는 이 모습은 나를 속이는 것이다. 느낌을 제대로 느끼지 못하고 억눌러 '감정'이라는 병에 꽁꽁 담아두었을 뿐이다.

느낌은 어떻게 삶의 힘이 되는가

감정 불균형의 원인 ②
느낌이 억눌려 감정이 되다

일어난 느낌을 느끼지 못하면 어떤 일이 벌어질까? 신체 시스템에 느낌이 쌓여 감정으로 변한다. '감정'은 쌓이고 쌓인 나머지 막혀버린 느낌을 가리키는 말이다. 감정적으로 건강한 사람의 신체 시스템은 특정 상황을 적절히 평가해 순수한 느낌을 일으킨다. 그리고 이렇게 일어난 느낌은 그것이 가진 힘을 곧장 실행한다. 앞의 회사 동료 사례에서 나는 그가 사소한 일로 나를 쏘아붙인 일을 '잘못된 일'로 해석할 수도 있었다. 그랬다면 나는 '분노'라는 느낌을 일으켰을 것이고 이로써 동료를 따끔하게 쏘아붙이거나 목소리를 깔고 이렇게 말했을 것이다. '자네 목소리 톤이 좀 거슬리는군.' 그러나 그 상황에서 나는 느낌을 통해 만들어진 힘을 활용하지 못했다. 느낌을 억누르면서 억지로 참았다. 느낌을 숨기고 마비시켰다. 그런데 한 번 일어난 느낌의 힘은 사라지지 않는다. 오히려 반대다. '부정적 판단이나 부적절한 해석에 뒤따라 일어나는 느낌'이라는 이유로 느낌이 가진 힘을 활용하지 않고 차단하면 신체 시스템에 쌓여 장애를 일으킨다. 1장에서 말했듯이 이런 장애는 대개 기분이 좋지 않은 증상으로 나타난다. 배와 목에 무엇이 걸린 느낌이 들기도 한다.

주의: 유독성 폐기물

감정은 자연스러운 느낌을 억눌러 막힌 것이라는 점에서 문제가 된다. 느낌은 몸을 씻어내고 삶의 맷돌을 돌리는 물처럼 살아 있는 채로 흐르는 힘이다. 낙숫물이 얼어붙어 바퀴가 멈추면 물의 정화력은 사라지고 생동감은 정체된다. 마찬가지로 느낌이 감정으로 변질되면 느낌이 흘러가는 통로가 막히고 만다. 이른 아침 동료에게 화를 못 내고 억지로 참으면 평소처럼 오후에 자녀를 만나는 기쁨도 맛보지 못한다. 더 이상 나를 느끼지 못하고, 자신의 욕구를 헤아리지도 못한다. 평소처럼 세상을 느끼지도 못한다.

이것만으로도 꽤 힘들다. 하지만 쌓이고 쌓인 감정 때문에 생기는 더 큰 문제는 그것이 결국엔 터질 기회를 노리며 신체 시스템에 그대로 남는다는 사실이다. 이때 신체 시스템의 입장에서 선택할 수 있는 가장 합리적인 대안은 감정을 '없애는' 것이다! 감정은 이미 지나간 느낌이다. 상황은 끝났다. 느낌이 가진 힘을 사용하지 않았고, 이제 그것은 더 이상 필요하지 않다. 그런데 우리는 정확히 이와 반대로 한다. 즉, 자기 내면의 감정 에너지가 가득한 상태를 지속하려 애쓴다. 납득할 만한 이유도 없이 소리를 지르거나 기분이 좋지 않은 모습을 보인다면 사람들이 받아들이지 못할 것이기 때문이다.

일어날 일은 일어나야 한다

우리의 신체 시스템은 문제를 그냥 두지 못한다. 느낌이 쌓이고 쌓여 감정으로 변하면 우리 몸은 오래지 않아 그것을 처리해야 한다고 여긴다. 그래서 신체 시스템은 '속임수'를 쓴다. 가능성이 낮아도 처음과 비슷한 상황이 오기를 기다리는 것이다. 처음과 비슷한 상황이 되면 그동안 감정으로 쌓여온 느낌을 마침내 터뜨릴 수 있기 때문이다. 처음의 경험을 어떤 식으로든 떠올리게 하는 상황이 다시 오면 우리는 이에 대해 느낌을 일으킬 뿐 아니라 지금껏 막혀 있던 감정을 한꺼번에 터뜨린다. 감각이 넘쳐나고, 감각에 압도당한다. 속절없이 감각이 넘쳐나는 자신을 발견한다. 실제 사건에 적합하지 않은 감정 동요가 크게 일어나 지금의 상황과 내면의 혼란을 어떻게 다루어야 할지 히둥댄다. 이런 일은 어느 날 저녁에 어린 딸아이에게 밤 인사로 뽀뽀를 하자 아이가 피곤한 표정으로 쏘아붙일 때 일어날 수 있다. 이때 우리는 그런 태도는 곤란하다며 사랑으로 말하지 못하고 폭발해버린다. 어쨌거나 아침의 직장동료도 별 이유 없이 나를 쏘아붙이지 않았는가. (딸의 관점에서) 일이 잘 풀리면 나는 속에서 폭발할 것이다. 이때 우리는 애당초 느낌을 일으킨 사건과 어울리지 않는 강렬한 느낌에 사로잡힌다.

이런 경우 우리는 대개 오랫동안 검증된 방법을 사용한다. 즉, 감정을 억눌러 내면에 묻어버리는 것이다. 그런데 감정이 막히면 막힐수록 더 강력한 감정 해소 수단이 필요해진다. 콧노래로 마음을 달래거나 바쁜 일로 주의를 흩뜨릴 수도 있고 수다를 떨거나 가벼운 독서로 충분한 때도 있지만 더 강력한 방어 수단이 필요한 상황도 있다. 수십 년 전 영국의 록밴드 롤링스톤스는 주부들 사이에 만연한 마약중독에 대해 노래했다. 노래에서 롤링스톤스는 마약을 '주부들의 작은 위안mother's little helper'이라고 불렀다. 지금도 담배와 술, 초콜릿은 사람들이 일상적으로 탐닉하는 습관이다. 우리는 처음에 출발한 지점으로 돌아왔다. 다만 이제는 느낌이 아니라 감정을 마비시키고 있다는 점만이 다를 뿐이다.

통제되지 않은 감정 배출에 유의!

(다시, 딸의 관점에서) 일이 잘 풀리지 않으면 직장 동료를 향한 날선 공격이 딸을 향하고 만다. 신체 시스템의 관점에서 이 방법은 그리 나쁘지 않다. 적게라도 감정을 터뜨리면 마음이 한결 가벼워지고

느낌은 어떻게 삶의 힘이 되는가

자유로워지며 정화되는 느낌이 들기 때문이다. 그러나 안타깝게도 의도한 목표물이 아닌 어린 딸에게 화살이 향하고 말았다. 이때는 진정한 내면의 치유가 일어나지 않는다. 내면의 진정한 치유를 이루려면 느낌을 가두고 있는 감정 댐 뒤에 자리 잡은 절대신념을 내려놓아야 한다. 절대신념에 관해서는 뒤에 다시 이야기한다.

감정 응어리

그러나 위의 사례는 지극히 단순한 사례다. '월요일 아침에 느닷없이 나를 쏘아붙이는 동료 때문에 어떤 느낌이 일어난다. 그리고 그렇게 일어난 느낌을 억누르던 중 그날 오후 딸아이와의 상호작용에서 그 느낌을 터뜨려 말끔히 처리한다.' 그러나 이런 각본은 현실에서 좀체 찾아보기 어렵다. 대부분의 감정 장애는 오래전부터 억눌러 온 느낌이 묵힌 곳에서 일어난다. 어쩌면 우리는 지금까지 부모의 감정을 받아내는 '감정 쓰레기통'으로 잘못 사용되어 왔는지 모른다. 슬프게도 이런 일은 우리 주변에서 흔히 볼 수 있다.

어릴 적 우리는 자신의 경험과 관련해 일어난 분노와 슬픔, 두려움과 수치심을 표현할 기회를 갖지 못했다. 상황에 대처하는 느낌의 힘을 발견하는 과정에서 스스로 일으킨 느낌을 겉으로 드러내지 못했다. 기껏해야 학교 운동장의 몸싸움으로 드러내지만 몸이 다치기 일쑤다. 우리는 대개 감정 응어리를 몸에 그대로 남긴 채 묵히기 시작한다.

감정을 쉽게 내보내도록 우리의 신체 시스템은 처음과 유사한 상황을 재빨리 식별해낸다. 그런 상황을 애써 찾아낸다고 할 정도다. 가령 어릴 적에 당신이 특정한 상황에서 무력감을 느꼈다면 그와 다른 새로운 상황에서도 쉽게 무력감을 느낄 것이다. 실제로는 무력하지 않더라도 말이다.

감정 활성화의 증상

＊ 내면의 긴장감

＊ 배와 목, 가슴에 무언가 걸려 있는 느낌

＊ 더위와 추위에 민감해짐

＊ 목소리가 바뀜

＊ 기분이 변덕스러워짐

＊ 강한 감정 반응을 보임

＊ 공간 지각의 변화

＊ 반복적인 생각의 고리에 빠짐

＊ 자신과 타인을 자주 비난함

＊ 몹시 불편한 느낌이 듦

이 경우 무력감을 느끼게 하는 상황(또는 이와 유사하다고 인지하는 상황)과 의도적으로 맞닥뜨림으로써 실제 의도한 효과를 낼 수 있

나의 절대신념 인지하기

당신의 삶에서 감정적으로 괴로움을 겪고 있는 영역을 떠올린 뒤 당신이 지니고 있는 절대신념을 찾아보자. 이때 이런 질문이 도움이 된다.

1. 내가 더 이상 감정적 괴로움을 겪지 않으려면 외면적으로 무엇을 바꿔야 할까?
2. 이 상황과 이 사람의 어떤 부분이 잘못되었기에 그것이 존재해서는 안 된다고 생각하는가? '도저히 참을 수 없는 부분'은 무엇인가?
3. 내가 보기에 무엇이 달라져야 하는가?

이것은 당신이 지닌 절대신념을 인지하고 자신에게 솔직해지는 연습이다. 이것은 나의 감정적 괴로움은 다름 아닌 '나의 책임'이라는 사실을 알아보는 기회이기도 하다. 나의 감정적 괴로움에 책임질 때 그것을 변화시킬 수 있다.

다. 감정 응어리를 활성화시켜 밖으로 내보내는 적절한 기회가 되는 것이다. 그러나 이렇게 되는 경우도 있지만 자신의 현재 상황에 바람직하지 않은 영향을 줄 가능성도 있다. 즉, 감정 응어리를 활성화시켜 밖으로 내보내지 못한 채 감정 응어리를 통제할 가능성이 더 높아진다. 이렇게 되면 신체 시스템에 자리 잡은 '감정 댐'은 더욱 단단해진다. 묵힌 감정을 배출하려고 떠올린 방법이 실제로는 문제를 더 악화시키는 것이다. 시간이 지나 감정 응어리가 쌓이고 쌓이면 견딜 수 없을 만큼 응어리가 무거워질 수 있다.

중요한 한 가지 차이

감정 건강과 감정 역량을 갖추는 과정에서 감정과 느낌을 구분하는 것은 매우 중요한 단계다. 감정과 느낌을 서로 다른 방식으로 다루어야 한다. 둘을 구분하지 못하면 불행한 결과에 이를 수 있다. 부모들은 종종 자신의 감정 응어리를 자녀에게 안기고는 감정의 경계를 건강하게 설정했다고 착각한다. 앞에 소개한 '감정 활성화의 증상'에서 감정이 활성화될 때 흔히 나타나는 몇 가지 증상을 말했다. 이를테면 감정 응어리가 내면에서 활성화될 때 어떤 느낌이 일어나는지 이야기했다. 이 연습을 통해 당신이 지닌 감정 응어리의 내용을 자세히 들여다볼 수 있다. 3부에서 내면에 쌓인 감정 응어리 때문에 생기는 인간관계의 문제를 어떻게 다루어야 하는지 살핀다.

다음 장에서는 우리가 느낌을 경험하지 않기 위해 흔히 사용하는 또 하나의 방법에 대해 알아본다. 애당초 느낌을 일으키지 않는 방법이 그것이다.

감정 불균형의 원인 ③
애당초 느낌을 일으키지 못하다

　어떻게든 느낌이 일어나야만 그것이 억압되든 마비되든 할 것이다. 애당초 느낌이 일어나지 않는다면 그것은 우리를 괴롭히지 못한다. 느낌을 일으키는 장본인은 '나'이므로 '나'는 의식적, 무의식적으로 느낌을 일으키지 않으려고 애쓴다. 특정 느낌을 일으키는 해석을 내리지 않는 방법으로 처음부터 느낌을 일으키지 않는 것이다.

　약속장소에 나타나지 않는 친구를 기다리는 앞의 상황을 다시 보자. 이 경우 아직 언급하지 않은 또 하나의 가능성이 있다. 그 상황에 대해 어떠한 해석도 내리지 '않는' 것이다. 중립적인 입장을 취하며 그저 카페에 앉아 기다린다. 이 상황을 즐거운 일도 불쾌한 일도, 잘된 일도 잘못된 일도, 무서운 일도 안타까운 일도 아니라고 여기며 카페에 앉아 있는다.

　해석을 내리지 '않는' 능력, 판단을 멈추고 단순히 직시하는 것은 중요한 능력이다. 수천 년 동안 영적 스승들이 세상 만물에 대해 판단하거나 평가하지 않고 관계를 맺으라고 가르친 것은 우연이 아니다. 상황을 평가하지 않고, 즉 상황에 말려들지 않고, 있는 그대로 보는 법을 배울 때 우리는 지금과 다른 차원의 세계를 경험할 수 있다. 내가 내리는 평가는 특정한 관점의 반영이라는 사실을 깨닫고 개인적 관점을 내려놓을 때 전체를 보는 통찰을 얻는다. 모든 평가가 상대적이라는 사실이 분명해지면서 또 다른 질서가 자연스럽게 드러난다. 판단하지 않는 능력은 '느낌'을 다룰 때도 적용할 수 있다. 판단을 그치려고 노력할 때 평소 우리가 내리는 온갖 해석이 얼마나 자의적인지 분명히 드러난다. 그러면 각각의 느낌이 가진 힘을 더 유연하고 편안하게 사용할 수 있다.

　판단하지 않는 능력이 소중하다고 했다. 그러나 모든 것에 대해 판단을 유보한다면 그에 못지않게 유의미한 인간관계의 영역이 쪼그라들 수 있다. 인간관계는 두 사람 이상의 의견과 입장이 서로 엮여 만들어진다. 입장과 관점이 없다면 관계는 맺어지지 않는다. 잘됨과 잘못됨, 안타까움과 두려움이 없다면 진정한 관계를 맺기 어렵다. 그것은 관계가 아니라 어정쩡한 결합에 불과하다.

　앞서 느닷없이 나를 쏘아붙인 동료의 사례에서 나는 일체의 해석을 내리지 않을 수도 있었다. 그렇게 했다면 내 안에 어떤 느낌의 힘도 일어나지 않았을 테고 그러면 나름의 유익함이 있었을지 모른다. 불편한 느낌이 휘두르는 힘에 저녁까지 끌려 다니지 않아도 좋았을 것이다. 그건 실제로 훌륭한 선택일 수 있다.

그러나 이 방법에는 문제가 있다. 애당초 느낌을 일으키지 않음으로써 그 상황이나 동료의 행동과 관계를 맺지 못한다는 점이다. 무언가와 관계를 맺으려면 그에 대해 일정한 입장을 취해야 한다. 그리고 일정한 입장을 취하려면 일정한 해석이 우선되어야 한다. 특정 상황에 대한 해석을 내림으로써, 예컨대 동료의 행동에 대해 '잘된 일, 잘못된 일, 안타까운 일, 무서운 일' 등의 해석을 내림으로써 그 상황과 생생하게 관계 맺는 힘이 생기는데 영적 신념 때문이든 느낌이 가진 힘을 무시해서든 해석을 내리지 않는다면 그런 삶에서는 인간관계에서 일어나는 활기와 인간미를 찾기 어렵다. 삶과 거리를 둔 채 평온이라는 고상하고 초월적인 '고치'에 숨을 수는 있어도 접촉을 할 수 없다. 그것은 인간적이지 못하다. 어떤 것을 제대로 느끼지도, 알 수도 없다.

신체 시스템 안의 공백

하나든 여러 개든 느낌을 일으키지 못하면 신체 시스템에 공백이 생긴다. 이 공백 때문에 결핍된 힘은 그것이 없다는 사실로 오히려 우리의 주의를 더 잡아끈다. 분노의 힘이 결핍되면 명료함과 방향성이 부족해 주의를 잡아끌 테고, 슬픔의 힘이 부족하다면 무관심과 무음미를 통해 우리의 주의를 당길 것이다. 어떤 감정의 힘이 결핍되느냐에 따라 특정 능력이 부족하다는 사실이 드러난다. 만약 다섯 가지 힘 가운데 어느 것도 일으키지 못하는 사람이라면 인간관계는 결핍되고 주변에 극도로 무관심해질 것이다.

우리는 종종 자신에게 부족한 감정의 힘을 '엉뚱한' 느낌으로 메우려 한다. 그 결과 느낌을 원래 목적과 다르게 잘못 사용한다. 이렇게 되면 감정 나침반 전체가 균형을 잃는다. 이런 현상과 그 결과에 대해서는 12장 '느낌을 본래 목적과 다르게 사용하다'에서 자세히 살핀다.

지금 나에게 어떤 느낌의 힘이 부족한지 알면 특정한 해석을 의식적으로 내릴 수 있고 부족한 느낌의 힘을 다시 일으킬 수도 있다. 처음엔 각각의 느낌이 가진 힘을 '제대로' 느끼기 어려울지 모른다. 그러나 (느낌을 일으키는 과정으로서) 해석이 필요함을 이해한다면 신체 시스템에 특정한 느낌의 힘을 일으킬 기회가 생긴다. 그것은 우리가 오랫동안 경험하지 못한 느낌일 수 있다. 우리 안에 있었지만 오랫동안 잊고 살았던 힘일 수 있다. 우리에게 충만감을 안기는 느낌의 힘을 경험하는 자체로 우리는 더 풍요로워진다. 자신에게 부족한 느낌의 힘을 순수한 형태로 경험하면 이후에 더 수월하게 그 힘을 일으키고 품어 안을 수 있다. 심지어 그것을 즐길 수도 있다.

감정 불균형의 원인 ④
느낌을 억누르는 대신 터뜨리다

우리는 느낌을 피하려고 마비시키거나 속으로 억누르기도 하지만, 반대로 겉으로 터뜨리기도 한다. 그러나 느낌을 터뜨리면 배우자와 자녀, 이웃 등 곁에 있는 사람이 표적이 되고 만다. 앞 장에서 말했듯이 이때 우리는 감정을 배출한다. 분노를 가만히 느끼지 못하고 사소한 일로 딸아이에게 버럭 고함을 지른다.

억누르거나 터뜨리는 식으로 느낌을 피하는 방법은 느낌이 가진 힘을 활용하지 못하고 없앤다는 점에서 책임 있게 느낌을 표현하는 방식이라고 하기 어렵다. 우리는 종종 감정이 지닌 힘을 의식적으로 활용하지 못한 채 폭발시키거나 눈물을 터뜨린다. 맹목적으로 사방에 퍼부어대고 펑펑 눈물을 쏟는다. 그러나 이 방법은 심한 탈진을

느낌은 어떻게 삶의 힘이 되는가

겪을 뿐 바뀌는 것은 아무것도 없다. 엄청난 힘을 쏟지만 아무것도 변하지 않는다.

물론 이런 행동으로 자신과 주변에 폐를 끼치고 있음을 알면 당장의 감정 폭발은 멈출 것이다. 그런데 이 과정을 이해하려면 애당초 강렬한 느낌이 일어난 근본 메커니즘을 알고 그것을 바꿔야 한다. 먼저 살펴볼 메커니즘은 정신-감정 피드백 고리mental-emotional feedback loop라는 것이다. 그밖에 강렬한 느낌을 만들어내는 데 우리가 흔히 사용하는 두 가지 메커니즘이 있다. 본래 목적과 다르게 사용하는 느낌과 절대신념이 그것이다. 이것은 각각 12장과 13장에서 다룬다.

정신-감정 피드백 고리

지금 순간과 관련하여 특정한 해석을 내리는 순간, 우리가 활용할 수 있는 건강한 느낌이 일어난다. 이때 그 느낌의 힘이 현재 상황에 흘러들어와 그것이 지닌 특별한 힘으로 우리는 상황을 받아들이며 창의적으로 행동할 수 있다. 그러나 정신-감정 피드백 고리가 작동하는 한, 우리가 일으킨 느낌이 제대로 흐르지 못하고 정신과 감정 사이에 정체되고 만다. 이렇게 되면 느낌이 피드백 고리에 갇힌 채 계속해서 맴돌게 된다.

이제 느낌과 정신의 차원을 왔다 갔다 하는 수밖에 없다. 또 처음에 느낌을 일으킨 생각이 재연되어 더 많은 느낌이 일어난다. 그러면 느낌을 일으킨 생각이 되풀이되어 느낌이 더욱 많이 일어난다. '생각(해석) → 느낌 → 영향 → 상황 변화'라는 자연스러운 순서가 끊어진 자리에 생각과 느낌이 서로 자극해 압력이 상승하는 악순환이 발생한다. '생각 → 느낌 → 생각 → 느낌 → 생각 → 느낌…'의 연쇄작용이 일어난다.

음료자판기의 예에 대입해보자. 정신-감정 피드백 고리가 작동하면 컵에 가득한 음료를 마시지도 않은 채 갈증을 해소하려는 것과 같다. 음료를 마시지 않고 쏟아버리고는 다시 잔을 채운다. 이런 방법으로 갈증이 해소된다고 착각한다. 앞서 직장 동료의 사례에 대입하면 이렇다. 나의 생각이 '그의 행동은 잘못된 것'이라는 해석으로 계속 향한다. 그러면 나는 동료의 '어떤 행동이 왜 잘못되었는지' 곱씹어 생각한다. 평소 우리는 세상을 설명하는 혼잣말을 속으로 끊임없이 주절댄다. 그러면서 어떤 일을 '잘못된 일'로 확신할 때마다 화를 일으킨다. 세상의 모습을 설명하는 어휘는 때에 따라 얼마든 바뀔 수 있다. 어떤 때는 '잘못된 일'이라는 설명을, 어떤 때는 '안타까운 일'이라는 설명을, 어떤 때는 '끔찍한 일'이라는 설명을 지어낸다. 그러면서 이 느낌, 저 느낌이 뒤섞인 멋진 '느낌의 칵테일'을 만드는데 이 칵테일은 느낌을 피하는 우리의 전략을 지속시킬 뿐이다.

종종 극적인 이야기를 동반한 새로운 해석을 지어내기도 하지만 이것은 우리가 느낌을 느끼지 못하게 방해할 뿐이다. 느낌을 경험하는 것은 느낌이 살아 움직이기 위한 전제조건이다. 느낌을 직접 경험할 때에만 느낌이 움직인다. 그리고 느낌이 움직일 때에만 느낌은 우리 안의 살아 있는 '힘'으로 작용한다.

정신-감정 피드백 고리는 어김없이 우리를 아프게 한다. 정신-감정 피드백 고리가 만들어지면 우리가 활용할 수 없는 느낌이 많이 일어난다. 느낌의 힘을 활용하지 못하는 현상은 느낌을 본래 목적과 다르게 사용할 때도 일어난다. 다음 장에서 다룰 주제가 바로 그것이다.

감정 불균형의 원인 ⑤
느낌을 본래 목적과 다르게 사용하다

우리가 겪는 심한 감정적 혼란은 느낌을 본래 의도와 다르게 사용할 때 종종 일어난다. 각각의 느낌이 가진 힘의 본질에 맞게 느낌을 사용해야 하지만 우리는 '이 느낌'이 필요한 상황에서 흔히 '저 느낌'을 사용하고는 한다.

흔한 예로 사랑하는 사람이 죽으면 우리는 종종 슬픔이 아니라 무기력한 분노를 일으킨다. 그 밖의 다른 느낌도 엉뚱한 느낌으로 대체한다. 기쁨을 느껴야 할 때 슬픔을, 분노를 느껴야 할 때 수치심을, 수치심을 느껴야 할 때 기쁨을(또는 이와 반대로) 느끼는 식이다. 앞서 말한 감정 음료자판기를 떠올리면 이해가 쉽다. '물'이라고 적힌 버튼을 눌렀는데 '레모네이드'가 나오는 꼴이다. 시원한 물 한잔

느낌은 어떻게 삶의 힘이 되는가

이면 갈증을 풀 수 있는 상황에서 달짝지근한 레모네이드 버튼을 꾸욱 눌러댄다.

특정 감정을 느끼지 못하고 차단하면 대개 그 느낌은 다른 느낌으로 대체되거나 본래의 목적과 다르게 사용되고 만다. 가령 '분노는 나쁜 느낌이다', '겁쟁이나 우는 거다', '두려움은 소심한 인간의 몫이다'라는 생각을 어릴 적부터 주입 받았다면 이 느낌들이 있어야 할 마음자리에 공백이 생긴다. 그러면 분노와 슬픔, 두려움의 느낌이 지닌 본래의 자연스러운 힘이 사라진다. 그러다 '잘못되었다, 안타깝다, 무섭다'고 여기는 상황에 맞닥뜨리면 어떻게 대처해야 할지 몰라 당황해한다.

우리는 잘못된 상황, 안타까운 상황, 무서운 상황을 다루는 타고난 능력을 잃어버린 것인지 모른다. '잘못되었다, 안타깝다, 무섭다'는 해석에 따라 일어나는 각각의 느낌(분노, 슬픔, 두려움)을 느끼지 못하게 금지 당한 나머지, 그런 상황에 대처하는 능력을 잃고 말았다. 그 결과, 임시변통의 해결책에 기대는 수밖에 없게 되었다. 그러면서 어머니와 아버지 등 우리의 역할모델이 특정 상황에 어떻게 대처하는지 기웃대며 어떤 방법이 효과를 내는지 알려고 실험한다. '거짓 눈물을 보여 내가 바라는 대로 교묘하게 해볼까?' '무섭다고 투정을 부리면 주변사람들이 양보하지 않을까?' 하면서 말이다.

엉뚱한 상황에서 엉뚱한 해석을 내리더라도 특정한 입장을 취해 그에 상응하는 느낌의 힘을 일으킬 수는 있다. 하지만 문제는, 그렇게 일어난 느낌의 힘은 특정 상황에서 지극히 제한된 용도만 갖는다는 점이다. 눈물을 흘리는 나를 가엽게 여긴 부모님이 내 앞의 장애물을 모두 치워주었다고 하자. 그러나 어른이 되어서도 분노 대신 슬픔을 일으키는 방법이 계속해서 통할까? 반대로, 우리는 슬픔을 느껴야 하는 때에 화를 내기도 한다. 붉은색 정지신호 앞에서 화를 내는 경우가 그렇다. 정지신호 앞에서 화를 내는 것은, 특정한 느낌의 힘은 특정 상황에서 도움이 되지 않음을 보여준다. 이 상황에서 '빨간불은 잘못된 일'이라는 해석은 도움이 되지 않는다. 빨간불이 켜진 것은 내가 바꿀 수 없는 사실이다. 분노의 힘이 지닌 본질은 적극성과 명료함을 추구하는 힘인데 내가 어쩔 수 없는 상황에서조차 분노의 힘을 일으킨다면 안 되는 줄 알면서 가속페달을 계속 밟는 꼴이다. 설령 극기심을 발휘해 페달을 밟지 않더라도 내 안에 작동하는 분노의 엔진은 멈추지 않고 계속 돌아가고 있다.

지금부터는 각각의 느낌이 가진 힘이 결핍되어 그것을 다른 느낌으로 대신하는 경우에 어떤 일이 일어나는지 간단히 살펴본다. 한 사람에게 몇 가지 느낌의 힘이 결핍된 경우도 있고, 자신에게 부족한 한 가지 힘을 다른 몇 가지 힘으로 보완하는 경우도 있다. 각각의 현상을 더 깊이 살피는 것은 이 책의 범위를 벗어나므로 여기서는 되도록 간략히 다룬다. 그러나 이 정보를 자기 삶에 적용해 이 현상을 깊이 탐구하는 기초를 마련하는 데는 부족함이 없을 것이다.

분노 대신

분노는 폭력성, 공격성과 연관된 느낌이라는 이유로 흔히 '나쁜 느낌'으로 간주된다. 사람들은 어릴 적부터 분노는 '나쁜 느낌'이라고 직간접적으로 배우며 자란다. 부모가 자녀에게 '분노는 나쁘다'는 메시지를 전하기도 하고, 부모의 화난 모습을 보며 자란 자녀가 그런 생각을 갖기도 한다. 미숙한 방식으로 화를 다뤄 주변사람에게 피해를 주는 부모를 보고 자녀가 분노의 느낌을 '느껴선 안 된다'고 생각하기도 한다.

그렇다면 분노를 느끼지 못하면 어떤 일이 벌어질까? 분노를 느낌으로써 주변의 잘못된 일을 알아보지 못하는 아이는 어떻게 될까? 행동하고 싶고, 무언가를 바꾸고 싶고, 경계를 정하고 싶은 상황에서 분노를 느끼지 못하면 아이는 어떻게 할까? 자신을 방어하고 싶고, 결정을 내리고 싶은 상황에 어떻게 대처할까? 극단적인 경우, 아이는 자신을 운명에 맡길 것이다. 더 흔한 경우 아이는 분노를 일으키지 못해 생긴 마음의 빈자리를 다른 느낌으로 채울 것이다. 분노를 일으켜야 할 때 슬픔, 두려움, 기쁨, 수치심을 일으킬 것이다.

분노 대신 슬픔을 느끼면

분노해야 하는 상황에서 슬픔을 일으키면 어떻게 될까? 그러면 자신이 무언가를 바꿀 수 있다는 사실을 알지 못한다. 주변 상황을 변화시킬 방법이 없다고 여기며 무기력한 희생자로 전락한다. '잘못된 일은 아무것도 없어. 모든 일이 안타까울 뿐이야'라고 말한다. 모든 일이 성에 차지 않아 커다란 괴로움을 당하면서도 어떤 식으로든 행동하려는 욕구가 일어나지 않는다. 자신이 바꿀 수 있는 것과 바꿀 수 없는 것을 구별하는 능력이 없어진다. 삶은 어떻게든 견뎌야 하는 비참한 것이 되고 만다. 이때 그가 가진 유일한 카드는 눈물 흘리는 자신을 불쌍히 여기는 자애로운 사람이 나타나 상황을 바로잡아 주는 것이다. 화를 내야 하는 경우에 슬퍼한다면 우울증으로 이어질 수도 있다. 분노의 자리를 슬픔이 대체하면 무기력한 슬픔에 갇히며 이것은 우리를 조금도 자유롭게 하지 못한다.

분노 대신 두려움을 느끼면

분노해야 할 때 두려움을 느낀다면 자신이 무언가를 해낼 수 있다고 믿을 수 없다. 자신이 경험하는 모든 것을 무서운 일이라고 느낀다. 앞의 예처럼 눈물이 앞을 가리는 대신, 두 눈을 질끈 감아버린다. 모든 일을 무서운 일로 해석하는 것은 '나는 아무것도 모른다'고 말하는 것과 다름없다. 모든 일이 나의 능력을 벗어나므로 내가 다룰 수 있는 일이 아무것도 없다고 느낀다. 이때 삶을 대하는 기본 태도는 이런 것이다. "난 아무것도 몰라. 아무것도 할 수 없어. 그저 무서울 뿐이야." 삶은 무서운 것이라는 태도는 자신에게 일어나는 일과 주변사람에게 영향을 미칠 수 없게 하며, 있는 그대로를 받아들일 수 없게 한다.

분노 대신 기쁨을 느끼면

분노를 느껴야 할 때 기쁨으로 대체한다면 세상에 잘못된 일이 존재한다는 사실을 외면하고 만다. 모든 것을 "오, 정말 멋지군!"이라는 말로 덮어버린다. 이것은 삶에 대한 깊은 사랑에서 솟는 말이 아니라 철저한 부정 메커니즘 증상에 불과하다. 정해둔 이상적 기준과 맞지 않는 것은 무엇이든 덮어버리거나 다른 방식으로 해석한다. 잠재해 있는 문제는 관련이 없거나 존재하지 않는다고 치부하며 뿌리를 잘라버린다.

분노 대신 수치심을 느끼면

분노를 수치심으로 대체하는 일은 매우 흔하다. 자기 외부의 어떤 것을 잘못된 일로 해석할 때 일어나는 느낌이 분노라면, 수치심은 이 해석을 자기 내면으로 향할 때 일어나는 느낌이다. 세상의 잘못된 일에 관하여 자신을 비난하며, 잘못된 일을 모두 자기 책임이라고 여긴다. 이런 생각은 분노라는 '불쾌한' 느낌을 처리하지 않고도 어떤 것을 바꿀 수 있다는 환상을 심는다. 그러나 이때 자신과 잘못된 일이 인과 관계가 현실이 아닌 상상의 결과물이라는 점에서 실제로 상황을 바꿀 수 있는 능력 또한 환상에 지나지 않는다.

슬픔 대신

사람들은 슬픔을 흔히 나쁜 느낌으로 여긴다. 부드럽고 연약하고 여성스러운 느낌으로 인식하기 때문이다. 슬픔의 힘은 눈에 보이지 않게 감춰져 있다. 남자아이들은 흔히 슬픔의 느낌을 피하거나 숨기라는 말을 듣는다. 슬픔은 나약함, 무력감, 취약성을 나타낸다고 여기기 때문이다. 이런 속성은 남성이라면 아이이건 어른이건 인정받지 못하는 속성이다. 여자아이도 마찬가지로, 슬픔이 나쁘다고 배운다. 여자아이들도 울보라고 놀림 받고, 무력하다며 조롱당한다. 아이들은 흔히 슬픔과 관련한 부모의 좋지 않은 모습을 보고 배운다. 엄마가 자기 의견을 주장하지 못하고 늘 손수건에 얼굴을 묻고 흐느낀다면 아이는 엄마의 나약함을 경멸할 것이다. 자신은 절대 엄마처럼 되지 않겠다고 맹세하면서 말이다.

슬픔을 피하면 신체 시스템에 빈자리가 생긴다. 그러면 우리는 이 빈자리를 메우려고 애쓴다. 누구든 마음에 들지 않지만 바꿀 수 없는 상황과 맞닥뜨리게 마련인데 이때 슬픔이 모자라면 다른 느낌의 힘으로 슬픔을 대신한다. 부족한 슬픔 대신 분노와 두려움, 기쁨, 수치심으로 어떻게든 슬픔의 빈자리를 메우려고 한다.

슬픔 대신 분노를 느끼면
만약 당신이 슬퍼하는 대신 화를 내는 성향이라면 삶은 고통스

느낌은 어떻게 삶의 힘이 되는가

러운 방식으로 당신의 한계에 직면하게 할 것이다. 잠재의식에서 만들어내는 잘못된 힘을 어디에 사용할지 몰라 계속 안팎의 벽에 부닥치며 헛수고를 한다. 죽음처럼 원래부터 바꿀 수 없는 상황은 화를 낸다고 해서 바뀌지 않는다. 슬퍼하는 능력이 부족하면 계속해서 화를 내게 된다. 화를 내는 것이 자신이 아는 한에서 마음에 들지 않는 상황에 대처하는 유일한 방법이기 때문이다. 심지어 그것이 잘못되었다고 생각하는 이유로 더 화를 내기도 한다. 기껏해야 우리는 변화하려는 자신의 열띤 노력이 크게 무너지는 걸 볼 것이다. 그리고 그때에야 비로소 자신의 한계를 인정할 것이다. 더 흔하게는 신체 시스템에 계속 분노가 쌓이는 나머지, 해로운 감정이 흐르지 못하고 막히거나 이로 인해 신체적 질병이 생기기도 한다.

슬픔 대신 두려움을 느끼면

슬픔을 두려움으로 대체하는 경우에는 안타까운 일과 무서운 일을 구분하지 못하게 된다. 안타까운 일과 무서운 일은 중요한 차이가 있다. 어떤 일이 안타깝다면(즉 슬픔을 느낀다면) 그 일을 받아들일 수 있지만, 어떤 일이 무섭다면(즉 두려움을 느낀다면) 애당초 그 일을 받아들이지 못한다. 어떤 일이 무섭다는 것은 잠재적으로 우리를 위협하는 미지의 영역에 맞닥뜨렸다는 의미다. 우리를 불쾌하게 만드는 일을 모조리 '무서운 일'로 해석한다면 삶은 우리를 얽매는 올가미가 된다. 이때 우리 내면의 현실은 자신이 바라는 것과 다른 것은 모조리 잠재적인 위협이 된다고 알린다. 그러면 어떤 일에 위협받지 않으면서 그저 받아들이는 것은 도저히 불가능하다고 믿게 된다.

슬픔 대신 기쁨을 느끼면

특정 사건이 나에게 영향을 준 사실을 단순히 부정해버리면 슬픔 대신 기쁨이 일어난다. 이 경우 우리는 흔히 이런 반응을 보인다. "오, 어쨌거나 더 좋은데?" 그런데 슬픔의 자리에 기쁨이 들어서면 슬픔의 고통을 부정하는 것 외에도 자신이 바랐던 것과 잃어버린 것을 진정으로 음미하지 못한다. 삶에서 일어나는 일과 인간관계가 이래도 좋고 저래도 좋은 것이 되어 삶이 단순해지고 깊이가 얕아진다.

슬픔 대신 수치심을 느끼면

슬픔을 느껴야 하는 때에 수치심을 일으킨다면 마음에 들지 않는 일을 바꿀 수 없는 삶의 일부로 받아들이지 못한다. 어떤 일이 슬프다면 그 자체로 충분하다. 슬픈 일을 있는 그대로 받아들이면 그만이다. 그러나 슬픈 일을 그대로 받아들이지 못하고 수치심에 빠져 자신을 비난한다면 이상적 세계에 대한 순진하고 유치한 믿음에 계속 붙들리고 만다. '내가 아주 잘못된 게 틀림없어. 아니면 나쁜 사람이거나. 그렇지 않다면 이런 일이 일어나지 않았을 거야'라고 생각한다. 그래서 상상 속의 탈출구를 만들어둔다. 어떻게든 자신이 완벽해진다면 상황을 실제로 바꿀 수 있다고 생각하는 것이다.

두려움 대신

사람들에게 나쁜 평판을 받는 또 하나의 느낌이 두려움이다. 사람들은 두려움을 무력함, 나약함과 자연스럽게 연결시킨다. 우리는 우리를 마비시키고 탈출구가 없다고 신호를 보내는 두려움을 위험한 느낌이라고 배운다. 조금이라도 두려움의 기색을 보이면 사람들이 놀린다는 것을 어릴 적부터 안다. 두려움은 무력함을 의미한다고 어릴 적부터 배운다. 많은 부모가 자녀에게, 특히 남자아이에게, 두려움은 나쁜 느낌이라고 가르친다.

하지만 두려움이 없으면 우리에게 익숙한 범주, 우리가 알고 있는 좁은 영역에 계속 갇히고 만다. 두려움은 우리를 새로운 영역으로 이끄는 힘이다. 두려움이 만든 한계를 다루는 방식은 사람마다 다르다. 두려움이 일어날 때 화를 내는 사람이 있는가 하면 슬픔에 빠지는 사람도 있다. 어떤 사람은 두려움이 일어나면 필사적으로 기쁨에 매달린다. 두려움이 일어날 때 수치심에서 피난처를 찾는 사람도 있다.

두려움 대신 분노를 느끼면

남자아이들은 흔히 분노가 두려움을 다루는 적절한 수단이라고 배운다. 이렇게 배운 나머지 그들은 미지의 것에 필요한 삶의 자리를 마련하지 못한다. 그것을 '미지의 것'이 아니라 '잘못된 것'으로 지각한다. 그런 나머지 미지의 것을 변화시킬 방법이 없으면 그것을 공격하거나 고의로 훼손하거나 심지어 파괴하기도 한다. 외국인과 소수자에 대한 폭력은 두려움이 분노로 변한 전형적인 사례다.

두려움 대신 슬픔을 느끼면

두려움을 느껴야 하는 때에 슬픔을 일으키면 두려움 대신 분노를 일으키는 때와 마찬가지로 자기가 알고 있는 것의 한계에 갇히고 만다. 다만 분노를 일으킬 때와 다른 점은, 슬픔을 느낄 때는 (분노의 경우처럼) 미지의 것을 공격하거나 파괴하지 않는다는 점이다. 대신, 알려진 것과 미지의 것을 가르는 벽 앞에 앉아 운다. 벽 너머의 무언가를 알아보는 느낌인 두려움과 부딪치는 대신, 비통한 체념에 빠져든다. 경계는 이제 우리가 두려워하는 구분선이 아니라 도저히 넘을 수 없는 벽이 된다. 슬픔에 빠지면 경계는 결코 넘을 수 없는 것이 된다. 슬픔은 경계를 도저히 넘을 수 없는 것으로 정의하고 받아들인다.

두려움 대신 기쁨을 느끼면

기쁨이 두려움을 대체하는 경우에는 기쁨이 슬픔과 분노를 대체하는 경우와 비슷한 영향을 준다. 두려움을 느껴야 하는 때에 기쁨을 느낀다면 자신이 바라는 바와 다른 것은 무조건 거부한다. 자신의 두려움의 벽을 멋진 정원을 둘러싼 울타리라고 상상한다. 울타리 너머의 것에는 조금도 관심이 없는 척한다. 작은 정원 크기의 내면 공간에 사는 데 진심으로 만족하는 듯이 행동한다. 모든 것을 흰색으로 덧칠한 뒤 '좋은 일'로 선언한다. 바라는 이미지와 맞지 않는 것은 무엇이든 카펫 밑으로 쓸어 넣는다.

두려움 대신 수치심을 느끼면

무서워해야 하는 때에 수치심을 느낀다면 자신이 완벽하기만 하면 미지의 것은 문제가 되지 않는다는 환상 속에 살게 된다. 상황에 대처하지 못하는 책임을 자신에게 지운다. 특정 상황에서 위협을 받거나 불편함을 느끼는 것은 자기 잘못이라고 여긴다. 어떤 상황이든 쉽고 민첩하게 통제하는 슈퍼맨을 기준 삼아 자신을 평가한다. 수치심을 지나치게 일으켜 잘못 사용하면 자신이 도달할 수 없는 높은 기대치를 만들게 된다.

기쁨 대신

이상하게 들릴지 몰라도 기쁨 또한 우리가 흔히 금기시하는 느낌이다. 우리는 기쁨을 직접적으로 차단한다. 예컨대 기쁨의 이유를 주변사람들이 인정하지 않을 때가 있다. 기쁨을 느끼는 아이에게 '이기적'이라는 꼬리표를 달기도 한다. 부모들은 아이의 기쁨을 넌지시 막기도 한다. 모든 것을 꼼꼼히 확인하고 나서야 아이가 잠깐 기뻐하도록 허락한다. 하지만 잠깐의 기쁨마저 금세 지나고 나면 아이는 엄마아빠가 평소와 다르게 무엇을 허락했는지 알아채지 못한다.

많은 아이가 좋은 성적을 받거나 즐거운 일이 있어도 노골적으로 기뻐해서는 안 된다며 주의를 받는다. 다른 아이들의 시기를 사면 곤란하다는 이유에서다. 또 기쁨을 드러내는 일은 위험하다고 배운다. 언제나 진심으로 기쁨을 나눌 친구와 함께하는 것은 아니기 때문이다. 기쁜 순간을 함께 나눌 때보다 부정적 감정을 경험할 때 친구의 도움을 더 많이 받는다. "떡줄 사람은 생각도 안 하는데 김칫국부터 마시지 말라"거나 "안심할 때까지 기뻐하지 말라!" 등의 속담은 기쁨을 '덥석 받아 물지' 말라는 경고다.

기쁨 대신 분노를 느끼면

기쁨을 대신해 분노를 일으키는 경우에는 대개 비판의 형태로 표현된다. 이 경우 우리는 기쁨의 잠재적 원인을 아름다운 일, 잘된 일로 놓아두지 않는다. 기쁜 일이 생기자마자 약점과 결점, 위협이 될 만한 점을 지적한다. 결함으로 생각되는 모든 것에 초점을 맞춘다. 약점과 결함에 초점을 맞추는 이유는 헛된 기쁨을 일으키는 위험을 피하기 위해서다. 극단적인 경우, 심각한 잘못과 위험, 결함에 눈을 감고 즐기는 사람에게 크게 화를 내기도 한다. 분노는 정곡을 찌르는 빈정거림과 신랄한 비판의 형태를 취한다. 분노는 풍선에 바늘을 꽂는 효과를 내 커다란 기쁨조차 절로 터져버리게 만든다.

기쁨 대신 슬픔을 느끼면

엄청나게 아름다운 일, 기대를 훌쩍 넘는 일이 일어나면 흔히 슬픔이 기쁨의 자리를 차지한다. 지금의 아름다움을 경험하는 중에 지금보다 아름답지 않았던 때가 떠오르며 슬픔이 올라온다. 엄청난 아름다움이 결국 가능하다는 걸 알게 되자 자신이 바라던 대로 되지 않았던 과거의 한때를 슬퍼한다. 충격적인 경험을 하고 난 뒤와 같은 극단적인 경우, 아름다움의 기미가 조금만 보여도 눈물이 고인다. 이 반응은 우리를 치유할 수 있다. 슬픔으로 억눌린 신체 시스템을 정화시키고 과거를 있는 그대로 받아들인다. 그러나 과거를 받아들일 때 슬픔이 기쁨과 함께하지 못하고 기쁨을 대체한다면 기쁨과 슬픔을 맞바꾸는 것은 우리에게 해가 된다. 묵은 슬픔을 없애지 못한 채 새로운 슬픔을 끝없이 일으키기 때문이다. 우울은 슬픔을 더 슬프게 느끼게 하며 그러면 우울의 나락에 더 깊이 빨려드는 악순환에 빠진다.

기쁨 대신 두려움을 느끼면

우리는 기쁨 대신 두려움도 자주 일으킨다. 잘된 일을 즐기기보다 이 일이 머지않아 지금과 다르게 바뀔 거라는 사실에 초점을 맞추고 싶어 한다. 두려움은 어떤 일이 새로운 일, 미지의 것이라는 신호를 보낸다. 그러나 미지의 그것이 기쁨의 원인이 될지, 분노와 슬픔의 원인이 될지 미리부터 알 수는 없다.

기쁨 대신 수치심을 느끼면

종종 기쁨을 대신하는 또 하나의 느낌이 수치심이다. 우리 대부분은 진심 어린 칭찬 같은 즐거운 일에 부끄러움으로 반응한 경험을 떠올린다. 수치심은 얼굴을 붉힐 때 가장 분명히 드러난다. 하지만 어떤 일로 칭찬을 받았건 대단한 일이 아니라며 손사래를 치는 반응도 수치심을 드러내는 것이다. 수치심에는 '사회적 안전장치'라는 자연스러운 기능이 있다. 수치심을 드러내 자신을 낮추면 사람들의 시샘을 피할 수 있다. 그러면 사람들이 나를 인정하지 않을 위험도 크게 준다. 그러나 기쁨을 느껴야 하는 때에 과도한 수치심을 일으키면 인간관계에서 무력감에 빠진다. 우리는 상대에게 미소 짓고 기쁨을 전달함으로써 나 또한 상대를 인정한다는 사실을 전한다. 그런데 "네 말이 맞아"라는 의사 표명이 자동으로 "내가 틀렸어"라는 해석으로 대체된다면, 그래서 상대가 내가 전하는 단순한 신호조차 받아들이지 못한다면 상대는 내가 전하려 한 사랑과 감사를 받아들일 수 없다.

수치심 대신

수치심은 오랫동안 사람들에게 인기 있었던 느낌이다. "부끄러운 줄 알아" 같은 말은 교육 현장에서 흔히 쓰는 말이다. 특히 여자아이들에게 그런 말을 더 많이 사용했다. 그러나 지난 몇 십 년간 수치심

느낌은 어떻게 삶의 힘이 되는가

은 그리 좋은 평가를 받지 못했다. 세태가 변했다. 요즘 아이들은 수치심을 느껴서는 '안 된다'고 생각한다. 소심함, 낮은 자존감, 불안감과 같은 의미로 여기기 때문이다. 아이들은 수치심을 '잘못된 느낌'으로 여긴다. 자기 잘못을 좀체 인정하지 않는 부모라면 수치심을 자녀의 감정 목록에 올리기는 더 쉽지 않을 것이다.

수치심은 자신의 단점을 다루는 자연스러운 방법이다. 그런데 수치심을 느끼지 못해 자신의 단점을 다루는 법을 알지 못한다면 다른 방법을 사용하는 수밖에 없다. 수치심을 느끼지 못해 만들어진 빈자리를 분노, 슬픔, 두려움, 기쁨 등 다른 느낌으로 메워야 한다.

수치심 대신 분노를 느끼면

남자아이들은 흔히 수치심을 느끼는 대신 화를 내라고 배운다. 여기에 깔린 기본적인 생각은 이것이다. "내 잘못이 아니야. 누군가 내 잘못으로 느끼게 한다면 그 사람이 잘못된 거야." 수치심의 공백으로 만들어진 신체 시스템의 빈자리를 이렇게 메운다면 상대의 비판에 직면해 어떻게 해야 할지 모르게 된다. 그는 누가 봐도 명백한 칭찬 외의 모든 피드백에 공격으로 맞설 것이다. 상대의 피드백에 머리를 굴려 비판으로 반격할 것이다.

수치심 대신 슬픔을 느끼면

슬픔의 힘을 잘못 적용한 여느 경우처럼, 수치심을 대신해 슬픔을 일으키는 경우도 우울 장애의 흔한 증상이 된다. 우리는 종종 자신의 단점을 진정으로 부끄러워하는 대신 그것을 비통해한다. 자신의 단점을 슬퍼하면 내가 바꿀 수 없는 것을 받아들일 수 있지만 무언가를 실제로 할 수 있고 해야 하는 상황에서 슬픔을 느낀다면 초점이 빗나간 것이다. 순수한 형태로 느끼는 수치심의 힘은 다른 모든 느낌의 힘에 스며든다. 수치심은 분노, 슬픔, 두려움, 기쁨의 힘에 스며들어 자기를 돌아보는 소중한 도구가 된다.

수치심 대신 두려움을 느끼면

완벽해야 한다고 생각하면 수치심을 느껴야 할 때 흔히 두려움을 일으킨다. 자신의 불완전함을 경험하는 상황에 맞닥뜨릴 때마다 '무서운 일'이라고 해석한다. 두려움을 갖는 이유는 일어나서는 안 되는 일에 부닥쳤다고 느끼기 때문이다. 완벽하지 못하면 주변의 모든 사람에게 버림받을 거라고 믿는다. 이 확신은 종종 자기실현적 예언이 되고 만다. '불완전함 = 버림받음'이라는 확신 때문에 아무것도 할 수 없게 된다. 잘못될지 모른다는 두려움을 가지면 나에게 중요한 사람과 접촉하지 못한다. 두려움은 우리를 쪼그라들게 만든다.

수치심 대신 기쁨을 느끼면

수치심을 느껴야 하는 때에 기쁨을 느낀다면 특정한 문화적 맥락에서 대개 잘못으로 여기는 일을 '잘된 일'로 선언하게 된다. 이것은 때로 문화 전체의 도덕적 구조를 혁신시키는 진정한 해방이 되기도 한다. 1960~70년대 서구에서 일어난 거대한 성性 혁명이 그런 사례다. 동성애자의 성적 지향을 즐겁고 자극적으로 보여주는 게이 퍼레이드도 있다. 그런데 뒤바뀐 느낌이 모두 그렇듯이, 수치심을 느껴야 하는 때에 기쁨을 일으키는 것 역시 헤어나기 힘든 덫으로 작용할 수 있다. 자신의 단점을 그저 '잘된 일'로 정의한다면 자신과 주변 사람에게 해를 입히게 된다. 약물 의존을 알면서도 점점 더 약물에 빠져드는 약물 중독자가 그것의 극단적인 사례다.

스스로를 만물의 옳은 척도로 무비판적으로 정의한다면 정직한 자기 성찰력을 상실하고 만다. 나 자신이나 어떤 것이 모든 것의 척도라는 생각은 지금부터 살펴볼 '절대신념'이라는 주제와 연결된다.

감정 불균형의 원인 ⑥
절대신념을 갖다

지금까지 살펴본 감정적 괴로움의 원인은 감정의 치유법을 찾는 중요한 단서가 된다. 그러나 우리가 지닌 절대신념에 대해 알아야만 그 방법을 찾을 수 있다. 절대신념은 감정적 괴로움을 일으키는 뿌리이기 때문이다.

절대신념은 무언가가 '절대로 틀렸다'거나 '절대로 옳다'는 생각에 바탕을 둔 믿음이다. 우리가 내리는 개인적인 해석과 달리, 절대신념은 옳고 그름이 개인의 가치관과 무관하다고 본다. 절대신념은 개인의 가치관에 따라 옳고 그름을 정의하지 않는다. 옳고 그름에 관한 자신의 정의가 보편적 타당성을 갖는다고 믿는다.

절대신념은 감정적 괴로움만큼이나 사람들에게서 흔히 볼 수 있는 현상이다. 모든 사람이 절대신념을 갖고 있다. 너무 자연스러워 꿈에도 의심하지 않는 확신과 의견, 관점을 누구나 갖고 있다. 사람들은 어떤 일이 '그저 옳던지' '마냥 잘못되었다'고 여긴다. 이때 다른 가능성은 없다.

어떤 절대신념은 '작은 일'과 관련이 있다. 예컨대 시간을 지키지 않는 것은 어떤 경우에도 잘못된 일이라는 생각이다. 누구나 친절하고 예의를 갖춰야 하며 서로 존중해야 한다는 생각도 절대신념이다. 더 큰 쟁점과 관련된 절대신념도 있다. 이를테면 전쟁처럼 '나쁜 일'은 절대 일어나선 안 된다는 믿음, 아동학대는 무조건 나쁜 일이므로 존재해선 안 된다는 확신 같은 것이다.

분명히 하자면 나는 전쟁과 아동학대가 없는 세상에 살기를 원한다. 매일처럼 벌어지는 세상의 끔찍한 사건을 전해 듣는 일은 고통스럽다. 그렇지만 끔찍한 사건이 일어나서는 안 된다고 믿는 절대신념을 내려놓을 때에만 현실을 바르게 이해할 기회가 생긴다는 점도 분명하다. 그리고 현실을 바르게 이해할 기회를 가질 때에만 어떤 식으로든 현실을 바꾸는 데 기여할 가능성도 생긴다.

나는 전쟁과 아동학대가 없는 세상에 대한 희망을 많은 사람이 공유하는 시대에 살고 있다는 사실이 기쁘다. 예컨대 나는 아동학대는 '나쁜 일'이라고 해석하는 사회에 살고 있다. 그리고 이런 해석을 법률로 규정하는 사회에 살고 있다. 나는 이것을 '잘된 일'로 인식한다. 내가 바라는 바와 일치하기 때문이다. 그러나 이 사실만으로 '절대적으로 잘된 일'이라고 할 수는 없다. 아동학대는 지금도 계속되고 있으며 문제를 일으키는 여러 원인을 없애는 데 관심을 갖고 실천하는 사람들이 필요하다. 그런데 우리는 절대신념에 동의함으로써 일반적이고 절대적인 진실 뒤에 숨어 스스로의 실천을 방해하는지 모른다. 그러면서 가상의 높은 권위에 자신의 책임을 떠넘긴다. 아니면 우리가 소중히 여기는 가치와 맞지 않는 일을 하고 만다. 일반적이고 절대적인 진실 뒤에 숨는다면 우리의 감정에도 좋지 않은 영향을 미칠 수 있다. 다음 이야기는 이것을 잘 보여준다.

한밤중 이웃의 집수리

그리 극적이지 않은 구체적 사례를 들어 절대신념이 갖는 의미를 살펴보자. 아파트의 이웃 주민이 내가 납득하기 어려운 이유로 밤 10시 반에 집수리를 하고 있다. 우리 중 대부분은 이것을 '잘못된 일'이라고 생각할 것이다. 일반적으로 밤 10시 반은 우리가 조용히 지내길 원하는 시간이다. 이웃이 내는 소음이 클수록 우리는 그것을 '더 잘못된 일'로 간주할 것이다. 그런데 이 관점이 개인적 해석을 반영하느냐, 아니면 절대신념을 반영하느냐에 따라 그 상황이 내게 미치는 감정적 영향은 크게 달라진다.

개인적 해석은 자신의 욕구와 직접적인 관련이 있다. 개인적 해석을 내림으로써 우리는 구체적인 행동에 필요한 분노의 힘을 얻는다. 예컨대 내가 일으킨 분노의 힘은 이웃집의 초인종을 눌러 정중하면서도 분명하게 조용히 해줄 것을 요청하는 에너지를 일으킨다. 이웃이 나의 요청에 응해 서둘러 집수리를 끝낸다면 나의 해석과 그에서 비롯한 분노의 힘은 제 목적을 달성한 것이다. 사건은 종결되었고 나는 과도한 분노를 일으키지 않았으며 주변에 과한 분노를 전파하지도 않았다.

한편, 자제를 요청하는 나의 분명한 요청에도 불구하고 이웃이 계속해서 드릴을 뚫는다면 나는 이것을 '잘못된 일'로 해석할 것이다. 평화로운 밤 시간을 원하는 나의 욕구는 아직 충족되지 못했다. 나는 이웃이 내 말을 제대로 듣고 존중해야 한다고 여긴다. 이로써 나는 '잘못된 일'을 더 추가할 것이다. 이렇게 일으킨 분노의 힘으로 나는 아파트 관리사무소에 고소장을 내거나 경찰에 신고하는 등의 단계를 밟을 것이다. 이런 해석은 구체적 상황에서 나의 욕구와 직접적으로 관련된 해석이다. 따라서 분노의 힘 역시 그에 상응하는 적절한 강도로 일어나 이후에 내가 취할 행동에 사용하게 된다. 이 경우에는 감정의 찌꺼기가 조금도 남지 않는다.

그런데 만약 내가 이웃의 '야행성 집수리 야망'을 그저 잘못된 일이 아니라 '절대적으로 잘못된 일'로 여긴다면 이에 따른 감정적 의미는 근본적으로 달라진다. 지난 번 치과 치료를 떠올리게 하는 시끄러운 전동 드릴로 밤 10시가 넘어 온 동네를 고통에 빠트리는 짓은 '절대적으로 잘못된 일'이라는 나의 견해는 지극히 타당하며 적절해 보인다. 이 사건에서 옳음과 그름의 문제는 비단 개인적 견해의 문제가 아닌 것처럼 보인다. 우리는 평화로운 밤 시간을 원하는 욕구를 많은 사람과 공유하는 사회에 살고 있다. 그렇기에 그 욕구를 보호하는 법률과 규칙도 있다. 이것은 나의 의견이 개인적 의견에 그치지 않는다는 추가적인 증거로 보인다. 따라서 나는 나의 의견을 '절대적으로 옳다'고 여긴다. '내가 옳고, 밤에 집수리를 하는 이웃은 잘못이다.' 이것이 의심스럽다면 주택규제 지침과 수많은 법원 판결이 나의 의견을 확인해줄 것이다. 이것은 나 한 사람의 개인적 견해가 아니라 '절대적으로' 옳은 것이다. 누가 양보해야 하는가? 나인가 이웃인가? 의심의 여지가 없다.

옳고 그름에 관한 이런 절대적 규정은 언뜻 우리 내면의 평화로움에 도움이 되는 것처럼 보인다. 그러나 자세히 보면 실은 그와 반대임을 알게 된다. '절대적으로 잘못된 일'이라는 나의 확신으로 이웃의 야간 행동은 근본적으로 참을 수 없는 일, 있어선 안 되는 일이 된다. 그 결과, 나는 화가 날 뿐 아니라 몹시 당황해한다. 행동에 필요한 적정량의 분노를 넘어 과거와 현재, 미래의 모든 '몹쓸 이웃'을 상대할 정도의 격렬하고 과한 분노를 일으키고 만다. 이렇게 일으킨 분노는 특정 상황에 필요한 양을 훌쩍 넘어선다. 이웃을 나를 못살게 구는 한 사람의 개인이 아니라 세상 모든 악의 대변자로 인식한다. 지금 이웃은 '절대적으로 잘못된 일'을 하고 있다. 그의 존재와 행동으로 인해 나는 불공평한 세상에서 부당한 취급을 받는 희

느낌은 어떻게 삶의 힘이 되는가

생자가 된다. 상황이 어떻게 바뀌어야 하는가에 관하여 자신의 기질에 따라 무기력하게 징징거리거나 세상의 부당함에 맞서 십자군전쟁에 나선다.

어떤 식으로든 극적인 결과로 이어질 게 틀림없다. 우는 소리를 하든 맞서 싸우든, 한밤중의 불편은 이제 편히 자고 싶은 나의 개인적 바람을 훨씬 넘어서는 문제로 비화한다. 이제 이것은 절대적 의미의 '옳고 그름'에 관한 문제가 된다. 세상에서 벌어지는 좋은 일, 옳은 일에 관한 문제이자 나쁜 일, 틀린 일, 존재할 수 없고 참을 수 없는 일에 관한 문제가 되어버린다.

이렇게 볼 때 절대신념은 결과적으로 우리 내면의 평화에 도움이 되지 않는다. 절대신념은 이미 벌어진 사건에 두 번째 화살을 쏘는 것과 같다. 상황은 이미 벌어졌다. 이미 벌어진 실제 상황에 필요한 정도를 넘어 과도한 느낌을 일으키는 것이 절대신념이다. 실제 벌어진 사건은 이제 그것이 갖는 원래 의미, 즉 애당초 좋지도 나쁘지도 않은 중립적 의미를 잃고 만다. 절대신념을 가질 때 우리는 사건에 새롭고 극적인 의미를 추가한다.

절대적 옳음, 절대적 그름: '좋은 이야기'의 소재

신화와 요정 이야기, 통속극과 대중 영화의 스토리는 절대신념이 어떤 역할을 하는지 보여준다. '좋은 이야기'는 어떤 것이든 절대신념에 바탕을 둔다. 절대적 옳음과 절대적 그름이라는 개념이 이야기에 감정적 깊이와 페이소스를 더한다. 드라마적 요소와 개연성이 깊어지는 것이다. 이런 이유로 '좋은 이야기'는 절대적 의미의 '옳음'에 관한 것이다. '좋은 이야기'는 선이 악에 대항해 승리한다는 고상한 목적을 갖는다.

암 투병 여성이 주인공으로 등장하는 할리우드 영화의 스토리는 한 개인의 생존을 위한 분투가 아니다. 그것은 살 권리를 위해 죽음과 질병이라는 악에 맞서는 '인류 전체'의 싸움이 된다. 상사의 부당한 대우에 맞서는 영화 속 남자의 싸움은 더 이상 좋은 삶의 조건을 확보하려는 개인적인 분투가 아니다. 차별받는 '모든 이'가 세상의 오만과 불의에 저항하는 싸움이 된다. 이런 이야기들은 '절대적 정의'를 주장한다. 죽음으로 아이를 떠나보내는 자연스러운 이별 이야기가 '아이는 절대 죽어선 안 돼. 죽는다면 크게 잘못된 일'이라며 모두가 웅성대는 만장일치 투표로 변질된다.

지어낸 이야기가 실제 삶보다 편리한 점은 영화감독과 대본작가, 스토리작가가 이야기의 결말을 정한다는 점이다. 예술적 실험을 제외한다면, 이 이야기들은 모두 응당 그래야 한다고 우리가 느끼는 행복한 결말로 끝을 맺는다(선을 실현할 가망이 없다는 암시와 몇 차례의 극적 반전을 거치기는 하지만). 이야기의 결말에 이르면 악당은 벌을 받고 공주는 자신을 구해준 왕자와 행복한 결혼에 골인한다. 다시 한 번 정의가 실현된다. 우리가 지닌 절대신념은 이렇게 확인되고 충족된다.

삶은 이야기와 다르다

그러나 안타깝게도 삶은 이야기가 아니다. 삶은 대본에 적힌 스토리와 다르다. 우리의 실제 삶에서 절대신념이 미치는 영향은 영화와 반대다. 실제 삶에서 절대신념은 우리를 행복이 아니라 불행에 빠트리며 지극한 비참으로 몰아넣는다. 절대신념을 따라야 한다는 확신이 클수록 우리는 더 비참해진다. 이 비참은 우리가 지닌 절대신념이 얼마나 고상하고 지적이며 신중한가와는 관계가 없다. 우리가 느끼는 비참의 정도는 우리가 가진 절대신념의 내용과 무관하다. 그것은 절대신념을 '진실'로 확신하는 정도와 관련이 있다. 나의 개인적 관점을 절대신념으로 확대하는 것은 내가 '신의 권위'를 지녔다는 주장과 같다. 이때 나는 나의 관점과 그로부터 비롯한 모든 희망사항이 세상의 수많은 관점 중 하나에 불과하다는 사실을 잊는다. 내가 '잘못된 일'로 여기는 일이 세상에 존재할 수 있다는 가능성을 아예 닫아버린다. 이 가능성을 닫아걸기 때문에 '잘못된 일'로 여기는 일과 맞닥뜨릴 때마다 분개와 절망, 무력감이 더욱 커진다.

어떤 일을 '잘못된 일'로 확신할수록, 그리고 그 일이 잘못된 일이라는 증거를 확보할수록 우리가 지닌 절대신념을 내려놓기 어렵다. 이웃이 밤 10시 반에 조용히 있어야 한다는 절대신념을 내려놓기는 그나마 쉽다. 반면, 많은 사람과 입법기관, 성경, 과학이 우리가 지닌 절대신념을 타당하다고 확증할수록 그것을 내려놓기는 더 어렵다.

우리가 지닌 절대신념을 내려놓는 것은 두 가지 이유에서 중요하다. 우선 절대신념을 내려놓지 않으면 우리는 커다란 감정적 괴로움을 겪는다. 다음으로 절대신념을 내려놓아야만 있는 그대로의 사실에 직면해 올바른 변화를 일으킬 수 있기 때문이다. 특정 상황을 '개인적으로' 잘못된 일로 인식하지 못한 채 나의 욕구와 맞지 않는다는 이유만으로 '절대적으로' 잘못된 일이라는 생각을 고수한다면 우리는 적절하게 반응할 수 없다. 자신의 절대신념 뒤에 숨어 다른 사람이 자신의 욕구를 변호해 주기만을 기다리거나 자신이 절대 옳다고 여기며 '거룩한 성전'을 벌인다. 그럼으로써 애당초 피하려 했던 것보다 더 큰 피해를 일으킨다. 역사는 이런 파괴적인 '십자군전쟁'의 사례로 가득하다.

실제로 변화를 일으키려면 있는 그대로의 것과 마주해야 한다. 슬픔의 힘으로 있는 그대로를 받아들여야 하며, 분노의 힘으로 변화를 일으키려는 의지를 내야 한다. 두려움의 힘으로는 내 말에 귀를 열지 않는 상대의 불확실성에 기꺼이 직면해야 한다. 제대로 변화하려면 나 스스로 어떻게 행동할지, 나의 욕구는 무엇인지, 나는 어떤 해석을 내리고 있는지 거듭 자문해야 한다. 바로, 수치심의 힘으로 이 질문력을 키울 수 있다. 물론 제대로 변화하려면 기쁨의 힘도 필요하다. 기쁨의 힘으로 자신의 희망과 욕구에 거듭 연결할 수 있다. 잘된 일을 알아보고 그 일을 위해 용기 있게 나설 수도 있다.

개인적인 해석을 내림으로써 우리는 세상에 일정한 영향을 미친다. 한편, 절대신념은 세상을 변화시키지 못한다. 절대신념은 있는 그대로를 받아들이지 못하므로 있는 그대로의 것과 접촉하거나 연결하지 못한다. 절대신념이 보기에, 있는 그대로 존재하는 것은 타당성을 갖지 못한다. 절대신념에 따르면 '그래야 마땅하다'고 여기는 것만이 존재할 가치가 있다.

힘 대신 그림자

1부에서 다섯 가지 각각의 느낌에 어두운 그림자가 드리운다는 사실을 말했다. 그러나 그렇게 드리운 그림자가 우리에게 어떤 영향을 주는지는 아직 살피지 않았다. 지금부터는 각각의 느낌이 드리우는 그림자에 대해 알아본다. 우리가 느끼는 느낌을 힘이 아닌 그림자로 만드는 주범은 바로 우리가 지닌 절대신념이다. 지금부터는 느낌을 힘이 아닌 그림자로 전락시키는 절대신념의 역동에 대해 살펴보자.

자신의 욕구와 접촉하면서 책임감 있게 그것을 다룰 때 우리가 가진 느낌의 힘을 온전히 활용할 수 있다. 느낌에 힘에 다가가도록 안내하는 과정은 3부에서 살핀다.

분노의 그림자: 명료함 대신 파괴

분노가 드리우는 그림자는 파괴다. 분노가 가진 힘에 그토록 나쁜 평판이 따르는 이유도 그것이 지닌 파괴의 속성 때문이다. 많은 사람이 분노를 명료함, 경계 설정, 입장 확인, 의사결정의 힘으로 경험하지 못한 채 분노가 가진 그림자 속성만 알고 있다. 많은 사람에게 분노란 인간관계를 뒤틀리게 하고 인생의 계획을 통째로 날려버리는 눈먼 격분이다. 그런데 분노의 소용돌이 뒤에서 분노를 밀고 가는 힘은 언제나 절대신념이다. 우리를 파괴하고 우리에게 해를 입히는 것은 분노 자체가 아니다. '우리는 절대적 정의를 위해 나섰다. 절대적으로 잘못된 세상을 뿌리 뽑는 것이 우리의 과업이다'라는 절대신념을 지닐 때 분노는 파괴의 형태를 띤다.

앞에 든 이웃의 사례를 다시 보자. 절대신념을 내려놓지 못해 생기는 지나친 분노의 힘이 어떠한 파괴를 불러올지 상상하기란 어렵지 않다. 악마에게 홀린 듯, 정상적인 상태라면 절대 하지 않을 행동을 한다. 지하실로 내려가 이웃집 전기를 끊을 궁리를 하거나 익명의 협박 편지를 쓸 것이다. 심지어 이웃의 차바퀴에 구멍을 낼 수도 있다. 좀 치사하지만 다음번 계단 청소에서 이웃집 앞마당을 쓸어주지 않을지도 모른다.

이런 사례가 터무니없게 들리는가? 그러나 이렇게 행동하는 사람이 실제로 있다는 걸 우리는 안다. 어쩌면 우리 자신도 절대신념이 속삭이는 생각을 즐기고 있는지 모른다. 그 메커니즘은 아주 간

느낌은 어떻게 삶의 힘이 되는가

느낌을 피하는 과정 인식하기

느낌을 피하려고 당신이 어떤 방법을 사용하는지 알아보자. 이때 다음 질문이 도움이 될 것이다.

1. 당신은 어떤 활동을 강박적으로 추구하는가?
2. 당신은 무엇에 중독되어 있는가? 일반적인 의미의 마약이 아니어도 우리는 어떤 것에든 중독이 될 수 있다.
3. 기분이 좋지 않을 때 당신은 무엇을 하는가? 쇼핑, 먹기, 청소, TV 시청, 운동, 남 이야기, 마약 또는 약물 등…

단하다. 상대의 행동이 절대적으로 잘못된 일이라는 확신이 들면 우리는 옳고 그름에 관한 자기 견해의 경계를 간단히 지워버린다. 극단적인 경우, 우리가 지닌 절대신념은 타인의 행동을, 정확히 말하면 나의 욕구와 '다를' 뿐인 타인의 행동을, 그 사람에 대한 '살인 면허'의 근거로 바꿔버린다. 이렇게 보면 분노의 힘이 그토록 나쁜 평판을 얻은 것도 무리가 아니다. 어떻게 하면 분노가 드리우는 그림자를 살아 있는 힘으로 활용할 수 있을까? 이것이 3부에서 다룰 주제다.

다섯 가지 느낌이 드리우는 그림자

✽ 분노가 드리우는 그림자: 파괴

✽ 슬픔이 드리우는 그림자: 수동성

✽ 두려움이 드리우는 그림자: 마비

✽ 기쁨이 드리우는 그림자: 환상

✽ 수치심이 드리우는 그림자: 자기부정

슬픔의 그림자: 사랑 대신 수동성

슬픔이 드리우는 그림자는 수동성이다. 슬픔은 많은 사람을 우울증에 빠뜨린다. 슬픔이 그토록 나쁜 평판을 얻은 이유도 슬픔에 드리운 수동성이라는 그림자 때문이다. 사람들은 슬픔이 지닌 사

느낌은 어떻게 삶의 힘이 되는가

랑과 받아들임, 지혜와 음미의 힘에 대해 알지 못한다. 사람들은 위경련과 우울, 말없는 고통으로 드러나는 슬픔의 수동성에 대해서만 알고 있다.

슬픔을 헤어나기 힘든 늪으로 만드는 주범은, 분노의 경우와 마찬가지로, 우리가 지닌 절대신념이다. 우리를 집어삼키는 것은 슬픔 자체가 아니다. 어떤 일을 절대적으로 잘못된 일, 그렇게 되어선 안 되는 일로 보는 절대신념을 지닐 때 슬픔은 수동성의 형태를 띤다. 이런 절대신념을 가질 때 우리는 있는 그대로와 관계 맺지 못한다.

앞에 든 이웃의 사례는 잠시 접어두고 다른 사례를 보자. 많은 사람이 산업화 시대를 거치며 지구에 벌어진 환경 파괴를 안타까워한다. 열대우림이 사라지고 바다와 공기가 오염되며 각종 동식물이 멸종되는 현상을 지켜보며 사람들은 탄식한다. 나와 주변의 많은 사람이 깊은 슬픔을 일으킨다. 절대신념의 덫에 걸려 '이건 일어나선 안 되는 일'이라고 말하기는 쉽다. 모든 일이 지금과 달라져야 한다고, 세상이 이렇게 되어선 안 된다고 말하는 건 어렵지 않다. 그건 너무나 분명하고 자명한 일로 보인다. 많은 사람이 이런 절대신념을 고수하고 있다.

그러나 절대신념의 덫에 걸리면 비싼 대가를 치러야 한다. 절대신념의 덫에 걸리면 분노의 힘이 드리우는 그림자를 분별없이 휘두르는 과격한 환경운동가가 된다. 아니면 슬픔의 힘이 드리우는 그림자에 묻혀 권태와 수동성에 빠진다. 그러나 만약 이 상황을 '잘못된 일'로 해석한 뒤 그에 적합한 분노의 힘을 일으킨다면 어떨까? 또 슬픔의 힘으로 나에게 소중한 가치(멋진 지구 생태계의 다채로운 경이로움을 보존하는 것)에 마음을 열면 어떨까? 그러면 우리는 어떤 것을 바꾸지 않고도 앞으로 나아갈 수 있을 것이다. 설령 가능하다고 느껴지지 않아도 우리가 지닌 절대신념을 내려놓는다면 자신에게 중요한 가치를 알아보고, 있는 그대로를 인정할 수 있다. 자신에게 중요한 가치를 알아보고, 있는 그대로를 인정하는 것, 이것이야말로 모든 문제를 건설적으로 다루는 전제조건이다. 이것은 3부에서 자세히 살펴본다.

두려움의 그림자: 창조 대신 마비

두려움이 드리우는 어두운 그림자는 우리를 마비시키고 얼어붙게 만든다. 1부에서 말했듯이 많은 사람이 '마비'라는 두려움의 그림자에 익숙한 반면, 두려움이 가진 새롭고 신비롭고 창조적인 마법에 대해서는 잘 모른다. 그래서 사람들은 되도록 두려움을 피하려고 한다. 스스로 마비되고 싶은 사람이 누가 있는가?

분노나 슬픔과 마찬가지로, 두려움의 경우에도 마비의 그림자를 드리우게 만드는 주범은 우리가 내리는 해석의 이면에 자리 잡은 절대신념이다. 우리를 마비시키는 것은 두려움 자체가 아니다. '절대적으로 잘못된 일은 우리를 위협한다'는 확신에 따른 해석 때문에 두려움이 마비의 양상을 띤다. 1부에서 '두려움에 대한 두려움'이 어떻게 우리를 마비시키는지 이야기했다. 두려움 자체를 절대적으로 '잘 못된 일'로 여길 때 우리는 마비되고 만다.

또 하나의 사례를 보자. 위기에 처한 우리 부서가 몇 사람의 직원을 해고해야 하는 상황에 처했다. 그리고 어떤 이유로 나의 이름이 해고 대상자 명단에 올랐다고 하자. 이때 우리는 이 상황을 안타까운 일로 여기거나(슬픔), 이렇게 되어선 안 된다는 견해를 갖기 쉽다(분노). 그러나 앞의 사례들처럼 이런 견해는 상황에 적절히 대처하는 데 도움이 되지 않는다. 만약 우리의 절대신념이 슬픔이나 분노가 아니라 두려움으로 방향을 튼다면 어떨까. 두려움이 단단히 우리를 움켜쥔 채 숨도 쉬지 못할 만큼 내면에서 옥죌 것이다. 두려움의 발톱에 걸려 명료하게 생각할 수도, 제대로 행동할 수도, 새로운 상황에 적응할 수도 없을 것이다. 오직 절대신념을 내려놓고 자신의 욕구와 연결할 때에만 두려움은 힘으로 자기 모습을 드러낸다.

기쁨의 그림자: 끌어당김 대신 환상

기쁨에도 그림자가 드리운다. 바로 환상이다. 환상이라는 모습으로 나타나는 기쁨 역시 다른 느낌과 마찬가지로 저주가 될 수 있다. 여기서도 기쁨이 '힘'으로 드러나지 못하게 방해하는 주범은 우리가 지닌 절대신념이나. 설대신념은 있는 그대로의 것과 연결하지 못하게 한다.

이때 기쁨은 환상을 일으키고 유지하는 목적으로 '잘못' 사용된다. 예컨대 현실과 동떨어진 완벽한 결혼, 화목한 가족, 딱 맞는 직업 등의 관념은 모두 기쁨을 잘못 사용해 일어난 환상들이다. '얼굴에 미소를 덧칠한 주부', '바람난 남편', '마약을 달고 사는 아이들' 같은 틀에 박힌 표현 역시 기쁨을 잘못 사용한 전형적인 사례다. 기쁨을 오용하는 사례는 그 밖에도 더 있다. 자신을 깨달은 존재라고 믿고 짐짓 성스러운 미소로 사람들을 대하는 영적 구도자가 그들이다. 알코올 중독자와 이별하자마자 또 다른 술꾼에게 넘어가는 여자도 마찬가지다. 여자는 전 남자친구의 술버릇에 대해 주흥을 즐겼을 뿐이라며 얼버무린다.

이 경우 우리에게 일어나는 모든 일은 절대적으로 '좋은 일', 절대적으로 '잘된 일'이다. 그 일이 정말로 좋은 일, 잘된 일이어서가 아니다. 실제와 다르게 좋은 일인 척, 잘된 일인 척하기 때문이다. 이때 기쁨은 내가 지닌 절대적 이미지와 맞지 않는 것은 모조리 덮어 가리는 데 사용된다. 환상 속의 완벽한 목가적 풍경에 의문을 일으키는 것은 무엇이든 덮어 가린다.

다른 느낌의 그림자와 마찬가지로, 기쁨이 드리우는 환상 메커니즘에도 비극적인 면이 존재한다. 그것은 기쁨이 조금의 힘도 펼치지 못한다는 점이다. 기쁨이 환상의 그림자를 드리울 때 그것은 우리에게 카리스마를 부여하지 않는다. 이때 기쁨은 우리를 매력적인 사람으로 만들어주지 못한다. 이때 기쁨은 우리를 삶의 소명으로 인도하지도, 우리를 빛나게 하지도 못한다. 있는 그대로의 아이들의 모습에서 기쁨을 느끼지 못하고 아이들의 모든 것이 문제가 없다며 스스로 납득한다. 그러면서 아이들이 갖는 두려움과 의심, 질문과 약점을 적절히 다루지 않은 채 내버려둔다. 다른 느낌과 마찬가지로 기쁨에 있어서도 기쁨을 힘으로 사용할 수 있어야만 자신의 욕구와 만날 수 있다. 힘으로서 기쁨을 활용할 때 우리의 욕구와 만나게 된다. 이 과정에 대해서는 뒤에 다시 이야기한다. 여기서는 우리가 지닌 절대신념이 기쁨이 드리우는 그림자에 어떤 영향을 주는지 살펴보았다.

수치심의 그림자: 자기성찰 대신 자기부정

수치심이 드리우는 어두운 그림자는 자기를 부정하는 것이다. 최악의 경우에 그것은 자기 파괴로 이어질 수도 있다. 수치심이 지독하리만치 사람들에게 인기가 없는 이유는 그것이 지닌 그림자 때문이다. 수치심을 느낄 때 우리는 자신을 깎아내린다. 자신의 모든 것이 틀린 일, 나쁜 일이 된다. 감사할 일이 조금도 없다.

절대신념의 관점에서 볼 때 수치심은 내가 무조건 틀렸음을 의미한다. 이때 우리는 내가 지금 이 모습으로 세상에 존재해선 안 된다고 말하는 슬픈 역설에 맞닥뜨린다. 그렇게 행동해선 안 되지만 늘 그렇게 행동하고 마는 자신의 안타까운 모순과 마주한다. 이때 우리가 바라는 것은 내가 지구상에서 사라지는 것이다. 최악의 경우, 우리는 실제로 그렇게 한다.

수치심이 그림자 모습으로 드러날 때 번아웃(소진)이라는 극단적이고 새로운 전염병으로 나타난다. 오랫동안 자기 기대를 충족시키지 못할 때 우리는 그것을 완전히 '잘못된 일'로 평가한다. 성취 지향의 사회가 설정한 높은 기대치 때문에 우리는 이 상황에 관하여 개인적인 해석의 여지를 남기지 않는다. 개방형 척도를 사용할 때보다 무조건 더 잘해야 한다. '더 좋은 사람', '더 믿을 수 있는 사람'이 되어야 한다. 그런데 그러자면 자기를 철저히 부정하며 격렬하게 자책하는 수밖에 없다. 자책은 자존감을 무너뜨린다. 나는 가치 없는 존재라고 굳게 믿도록 만든다. 극단적인 경우 자살로 이어진다.

개인적 관점을 자유롭게 취할 수 있어야 자기부정의 손아귀에서 벗어날 수 있다. '나에게 중요한 것은 무엇인가? 나는 누구이고 싶은가?' 하는 자기만의 관점 말이다. 아닌 게 아니라 번아웃 클리닉에서는 자기부정의 손아귀에서 벗어나는 과정을 밟는다. 번아웃 클리닉에서 우리는 자기부정에서 벗어나 새로운 방향으로 나아가는 중요한 계기를 마련한다. 자기부정에서 벗어나는 과정에 대해서는 3부에서 다룬다.

강력한 원초적 힘을 지닌 느낌을 겉으로 드러낼 때는 유의할 필요가 있다. 느낌을 드러낼 때는 고장 난 전기 회로를 수리할 때처럼 정확성을 기하고 주의를 기울여야 한다. 회로에 전류를 통하기 전에 연결이 제대로 되었는지 체계적으로 검사해야 한다. 전압과 전선, 변압기가 우리가 작동하려는 장치와 맞는 규격인지 확인해야 한다. 잘못 연결된 상태에서 전류를 통하면 합선되어 퓨즈가 타버릴 것이다. 그러면 전등에 불이 들어오지 않는다.

생각과 느낌이 꼬리에 꼬리를 물고 영향을 주는 과정을 알아야 하는데 그러나 이 앎도 정작 전류가 없으면 소용이 없다. 이때 우리 정신의 전류는 무엇일까. 그것은 우리가 지닌 주의attention라는 형태의 의식이다. 느낌에 주의를 가져갈 때 느낌은 새로운 생명으로 깨어난다. 주의라는 선류가 느낌에 흐를 때 비로소 느낌은 빛나기 시작한다! 이때 우리가 관심을 갖고 살펴야 하는 것은 우리의 살아 있는 느낌이다. 3부에서 이것을 다룬다.

Part3

살아 있는 느낌
Living Feelings

느낌은 골칫거리가 아니다. 당신도 골칫거리가 아니다. 당신이 느끼는 느낌은 언제나 다음 걸음을 내딛기 위한 목적이다. 있는 그대로 느끼고, 있는 그대로 알아차리면 된다. 들이쉬고 내쉬는 숨마다, 내딛는 걸음마다…

＊

여 느 힘과 마찬가지로 느낌 역시 힘으로 작용하려면 한곳에 정체되어서는 안 된다. 느낌은 반드시 흘러야 한다. 그렇다고 느낌이 마음대로 흐르게 놓아두어서는 안 된다는 점은 앞서 말한 바와 같다. 3부에서는 감각과 감정, 느낌을 어떻게 하면 우리의 인간관계를 방해하기보다 우리에게 도움을 주는 살아 있는 힘으로 사용할 수 있을지 살펴본다.

2부에서 우리는 감정 질병과 감정 불균형을 일으키는 원인을 자세히 살펴보았다. 이로부터 많은 것을 알 수 있었다. 우리 내면에 작동하는 메커니즘을 이해하는 데서부터 변화가 일어난다. 그러나 우리의 감정이 충분히 치유되기 위해서는 이런 통찰만으로 충분하지 않다. 통찰이 일어난다고 해서 그와 동일한 차원에서 감정의 치유가 그대로 일어나는 것은 아니다.

통찰이 지적 차원에서 일어난다면 치유는 감정 차원에서 일어난다. 그런데 감정 차원은 지적 차원과 밀접하게 연결되어 한쪽 영역에 혼란이 생기면 다른 쪽에도 불균형을 일으킨다. 이 점에서 지적 통찰은 매우 중요하다. 하지만 감정을 치유하려면 지적 혼란에 이어 감정 혼란을 정리해야 한다. 잃었던 느낌을 다시 느낌으로써 감정 차원에서 다시 연결을 맺어야 한다. '느낀다는 것'은 생각과 말의 필터를 거치지 않고 감각에 주의를 기울이는 것이다. 우리는 평소 잘 느끼지 않는다. 대신, 관찰만 한다. 아니면 느낌을 아예 회피한다. 느낀다는 것이 왠지 불편하며 어디에 어떻게 사용해야 하는지도 모르기 때문이다. 3부의 처음 두 장은 느낌이란 무엇이며, 어떻게 하면 느끼는 법을 다시 배울 수 있을지 살펴본다. 이 문제를 살핀 뒤 고통에서 감정으로, 감정에서 느낌으로, 마침내 느낌에서 살아 있는 힘으로 나아가는 단계를 다룬다.

나의 느낌 회피 전략 인지하기

느낌을 피하기 위해 당신은 어떤 전략을 사용하는가? 이때 다음 질문이 도움이 될 것이다.

1. 내면의 충동이 당신에게 강요하는 활동에 어떤 것이 있는가?
2. 당신은 무엇에 중독되어 있는가? 통상적 의미의 마약이 아니어도 우리는 어떤 것에든 중독될 수 있다.
3. 기분이 정말 좋지 '않을' 때 당신은 무엇을 하는가? 쇼핑, 먹기, 청소, TV 시청, 운동, 남 헐뜯기, 마약 또는 약물 등…

느낌이란 무엇인가

느낌을 제대로 활용하려면 기꺼이 느낌을 느끼려는 의도가 필요하다. 특정 느낌을 느끼지 않으려고 애쓰면 오히려 느낌이 우리를 지배하고 만다. 그러면 느낌을 억누르거나 주변에 퍼부어 그것을 피하거나 없애야 한다. 느낌을 피하지 않고 기꺼이 느낄 때에만 느낌의 노예가 되지 않으며 느낌의 노예가 되지 않아야 느낌이 가진 힘을 의식적으로 활용할 수 있다. 만약 당신이 분노와 슬픔, 두려움과 수치심을(심지어 기쁨까지도) 느끼는 데 문제가 있다면 아마도 당신은 느낌을 피하려고 의식적, 무의식적으로 커다란 에너지를 쏟고 있을 것이다. 당신의 인생 계획과 인간관계가 온통 특정 느낌을 느끼지 않으려는 노력에 바탕을 두게 될 것이다. 그러나 느낌을 힘으로

느낌은 어떻게 삶의 힘이 되는가

활용하려면 느낌을 경험하고 받아들여 지금 느끼고 있는 느낌과 친구가 되어야 한다. 그런데 '느낀다는 것'은 과연 어떤 의미일까? '느낀다는 것'을 어떻게 말로 설명할 수 있을까? 우리의 몸에 빗대 이 물음에 답해보자.

객관적으로 우리는 감정 차원의 기능보다 신체 차원의 기능에 대해 더 많은 지식을 갖고 있다. 따라서 일부 메커니즘은 신체 용어로 이해하는 편이 더 수월하다.

신체 차원에서 감각 자극이란 촉각 등의 특정 감각이 뇌에 전달하는 정보를 말한다. 이때 뇌는 전달된 정보를 처리하는 신체기관이다. 뇌는 주변 환경과 관련한 신체 상태의 정보를 필요로 하는데 그것은 복잡한 신체 기능을 최적화하기 위한 목적이다. 이렇게 해서 신진대사, 심박동, 호흡수, 호르몬 균형 등을 현재의 필요에 맞게 지속적으로 조정한다. 우리가 특정 자극을 의식적으로 지각하지 않더라도 뇌는 신체 상태에 관한 정보를 끊임없이 처리하고 있다.

그러다 몸이 적응하지 못하는 특정한 자극에 노출되면 뇌는 그것을 의식적으로 지각한다. 가령 극한의 기온으로 신체의 안전이 위협받으면 몸은 거기 적응하기 위해 애쓰며 우리는 이것을 알아차린다. 특정 자극을 의식적으로 지각하는 순간, 그것은 감각이 되어 우리는 기온을 느낀다. 의식적으로 자극을 지각하는 순간, 우리는 스웨터를 껴입거나 그늘로 피하는 등의 행동을 한다.

따라서 감각은 어떤 일이 우리의 주의를 필요로 하고 있음을 알리는 신호다. 감각이 전하는 메시지가 중요하다는 걸 알기 때문에 우리는 대개 이를 감사히 여긴다. 감각으로 무엇을 해야 하는지 아는 우리는 그 덕분에 별다른 어려움을 겪지 않는다. 그런데 느낌에 대해서는 어떤가? 우리는 '느낌으로' 무엇을 해야 하는지 잘 모른다.

느낌은 자극이 아니다

대부분의 사람은 힘으로서의 느낌이 지닌 자연스러운 기능을 알지 못하며 따라서 느낌을 의식적으로 지각하려고 하지 않는다. 사람들은 느낌을 다룰 때 겪는 무력감 때문에 느낌을 감각이 아니라 단순한 자극으로 대한다. 그렇지만 느낌은 '느껴야' 한다. 느낌은 신체 시스템이 무의식적으로 처리해야 하는 자극이 아니다. 느낌이 일어났다는 것은 어떤 일에 의식적으로 주의를 보내야 함을 의미한다. 느낌의 존재 목적은 상황에 대처하도록 돕는 것이므로 우리는 느낌을 지각할 필요가 있다. 우리는 분노, 슬픔, 두려움, 기쁨, 수치심의 느낌을 일으킴으로써 우리가 의식적으로 주의를 기울여야 하는 일과 마주할 수 있다. 가령 분노를 가지고는 어떤 일을 변화시킨다. 슬픔으로는 그 일을 받아들이고, 두려움으로는 그 일을 내려놓는다. 기쁨으로는 그 일을 음미하고, 수치심으로는 자신을 돌아본다. 반면, 느낌을 단순한 자극으로 폄하하고 무시한다면 나와 주변 환경이 단절되고 만다. 이렇게 되면 우리가 관심을 기울여야 하는 신체감각을 무시했을 때와 마찬가지로 문제가 생긴다. 2부에 소개한 직장 동료의 사례를 다시 보자. 동료가 이유 없이 나를 쏘아붙였다. 나는 그의 행동을 '잘못된 일'로 해석하고는 화를 낸다. 이때 나의 몸에 일어난 힘을 '자극'으로 대한다면 나는 느낌을 느끼지 않으려고 애를 쓸 것이다. 앞서 말했듯이 초콜릿과 인터넷, 오락 프로그램으로 주의를 돌릴 것이다. 이것은 뜨거운 방에서 땀을 뻘뻘 흘리면서도 더위를 느끼지 않으려고 애쓰는 것처럼 터무니없는 일이다.

한편, 잠시 멈춰 느낌이 일어난 나의 내면으로 의식적으로 주의를 향하면 어떨까. 이것은 더운 방에 들어갔을 때 느끼는 몸의 불편함에 의도적으로 주의를 향해 방에서 일어나고 있는 일에 관한 정확한 정보를 얻는 것과 같다. 나는 몇 초 안에 나의 몸을 훑은 뒤 덥다는 사실을 확인하면서 신체의 어느 부위가 영향을 받고 있는지 알아낸다. 해당 부위에 불편함을 느낄 때마다 내면 공간으로 주의를 향해 거기서 무슨 일이 일어나고 있는지 느낀다. 연습을 통해 지금 내가 마주하는 대상을 더 쉽게 알아볼 수 있다. 그 대상은 둔감해진 감정일 수도, 가짜 신체감각일 수도, 아니면 힘으로 활용할 수 있는 느낌일 수도 있다.

관찰은 느낌이 아니다

사람들이 언제나 자신의 느낌을 무시하는 건 아니다. 많은 사람이 자기 느낌을 면밀히 관찰한다. 사람들은 느낌에 많은 시간을 쏟는다. 그런데 사람들은 많은 경우에 '생각'과 '말'이라는 형태로 감각에 주의를 기울인다. 이것은 감각을 '느끼는' 것이 아니라 '관찰하는' 것이다. 우리는 느끼는 것과 관찰하는 것을 자주 혼동한다. 사람들은 감각에 주의를 보낼 때 거기에 생각과 말이 개입하는 것을 알아채지 못한다. 그 밖의 다른 방법을 모르기 때문이다. 그렇지만 관찰은 감각이 제공하는 정보를 평가하는 데 초점을 둔다. 관찰은 주로 정신과 지능 차원에서 일어나는 과정이다.

자기계발에 관심이 많은 사람들은 놀라우리만치 자신을 잘 관찰한다. 너무 잘 관찰하는 나머지 자신에 관해 모르는 게 없다. 그들에 관하여 '새로운 것'을 알려주는 건 불가능할 정도다. 놀라운 일도 아니다. 다른 사람이 그들을 하루, 일주일, 여러 해 관찰하더라도 그들이 그들 자신을 관찰하는 것보다 더 잘 관찰할 수는 없다. 그들 자신만큼 그들을 철저히 관찰하는 '정보기관'도 세상에 없다.

뛰어난 관찰자인 그들은 자신의 문제점과 특이점, 특정한 패턴에 대해 잘 알고 있다. 이에 관하여 말하면 그들은 "그래요, 알고 있어요."라고 답할 것이다. 그러나 그들이 잘 모르는 것이 있다. 머릿속의 지식과 직접 느끼는 느낌의 차이가 그것이다. 그들은 자신의 어떤 문제를 몸에 묵힌 채 그저 관찰만 한다. 이렇게 되면 좌절에 빠진다. 관찰에 많은 노력을 기울여도 늘 같은 일상이 되풀이되기 때문이다. 관찰은 자신에 관하여 많은 정보를 알려주지만, 관찰만으로는

느낌은 어떻게 삶의 힘이 되는가

상황을 지금과 다르게 바꾸지 못한다.

나를 쏘아붙인 직장 동료의 예를 다시 보자. 능숙한 관찰자인 나는 이 일로 마음에 일어난 혼란을 알아보고는 책상에 앉아 나의 내면으로 주의를 향한다. 마음이 동요하는 나를 알아보는 즉시, 이 사건을 엄마가 이유 없이 혼을 낸 어릴 적의 트라우마(정신적 외상)와 연관시킨다. 꽤 오랜 시간 나를 관찰하면서 무엇을 느꼈고, 왜 느꼈는지 꼼꼼히 기록한다. 힘겨운 내면 경험의 무게를 덜기 위해 온갖 방법을 동원한다. 이렇게 하면 더 이상 느낌을 느끼지 않아도 된다. 생각과 말의 차원에서는 느낌이 일어나지 않기 때문이다.

물론 관찰은 중요하다. 특히, 느낌을 관찰하는 것은 더 중요하다. 자신을 관찰하면 강렬한 느낌이 쌓인 신체 부위와 그렇지 않은 부위를 알 수 있다. 또 자신이 과도하게 일으키는 느낌이 무엇이고 부족한 느낌이 무엇인지도 알게 된다. 이때 이런 질문을 던지면 자신의 상태를 이해하는 데 도움이 된다. '지금 내가 가진 결정을 내리는 능력, 모험을 즐기는 능력은 어떤가? 삶에서 느끼는 기쁨과 감사의 능력은 어떤가?' 이런 관찰을 통해 자신에게 분노가 없음을 깨달을 때 분노를 치유하고 분노가 힘으로 깨어나는 첫걸음을 뗄 수 있다. 자신에 대한 관찰을 통해 지금껏 두려움을 몸을 마비시키는 어떤 것으로만 경험했다는 사실을 알 때 비로소 힘으로서의 두려움을 찾아 나설 수 있다.

주의 깊은 관찰을 통해 우리는 느낌을 마비시키는 과정도 자각할 수 있다. 오늘날 우리가 사용할 수 있는 약물의 목록은 끝이 없다. 합법적·불법적 마약처럼 누가 봐도 우리를 마비시키는 약물도 있고 이보다 덜 명백한 마비 활동도 수없이 많다. TV 시청, 독서, 먹기, 뒷담화, 쇼핑, 잠 등이 그것이다.

우리는 관찰을 통해 이런 마비 전략을 알아차릴 수 있지만 관찰만으로 그것을 다른 전략으로 바꾸지는 못한다. 관찰은 느끼는 것과 다르기 때문에 관찰만으로 자신의 감정 차원과 접촉하기 어렵다. 마치 텔레비전 화면으로 자기 모습을 보는 것과 같다. 텔레비전 화면에서 자기를 관찰할 수는 있어도 자기 모습을 바꾸려는 시도는 성공하지 못한다. 감정의 메커니즘은 이와 다른 차원에서, 다른 방식으로 작동하기 때문이다.

느낌은 느끼는 것

지금까지 무엇이 '느낌이 아닌가'에 대해 말했다. 그런데 정작 '무엇이 느낌인가'에 관해서는 별로 말하지 않았다. 느낌이란 감각으로 곧장 방향을 돌려 그것을 지각하는 것이다. 느낌은 느끼는 것이다. 느낌과 관찰의 차이는 경험하는 것과 말로 아는 것의 차이다. 이른바 '첫 경험'과 비슷하다. 첫 경험에 대해 끝없이 설명할 수 있어도 말만으로 그 경험을 충분히 전할 수 없다. 경험한 사람에게 설명하면 그것을 떠올릴 테지만 한 번도 경험하지 못한 사람에게는 아무리 설

느낌은 어떻게 삶의 힘이 되는가

명해도 소용이 없다. 어떤 것을 느낄 때 우리는 자신이 무엇을 느끼는지 분명히 안다. 만약 무엇을 느끼는지 모른다면 느끼고 있는 것이 아니다. 관찰하고 있거나 피하고 있는 것이다. 느끼고 있을 때 우리는 즉각적으로 경험에 빠져들어 자신이 느끼고 있음을 단순하게 안다.

특히 '부정적인' 느낌에 대해 우리는 거부감을 갖는다. 부정적 느낌을 고통과 연관 짓는 나머지 우리는 그것을 피하고 싶어 한다. 부정적인 느낌에 맞닥뜨렸을 때 그것을 느끼기 위해서는 대부분의 사람이(심지어 오랜 시간 훈련한 사람도) 잠시 멈춰 호흡하며 의식적으로 내면에 주의를 향해 그것을 지각해야 한다.

내면으로 주의를 향해 느낌의 공간으로 편히 들어서는 순간, 모든 일이 '잘된 일'이 된다. 이제 느낌을 두려워할 필요가 없다. 느낌은 그저 존재할 뿐이며 단순히 느낌을 느끼면 된다. 느낌이 반드시 우리를 아프게 하지 않는다는 사실도 알게 된다. 대개는 느낌을 느끼지 않으려고 저항하는 것이 더 고통스럽다. 궁극적으로 느낌은 '문제'가 아니다. 느낌은 '문제에 대한 해결책'이다. 여기, 좋은 소식이 있다. 느낌을 느끼는 습관을 잃었다 해도 그 습관을 다시 들일 수 있다는 사실이다. 흔히 그렇듯, 여기서도 연습이 열쇠다.

느낌은 배울 수 있다

　우리들 대부분은 느끼는 습관을 잃었다. 느끼는 습관을 '잘' 버리는 사람도 있지만 느낌에서 벗어나려 애쓰는 사람을 주변에서 보기란 어려운 일이 아니다. 느낌에서 벗어나려는 시도 자체가 나쁜 건 아니다. 느낌을 조절해서 드러내고, 느낌에 대한 지각을 조절하는 것은 인간 발달의 자연스러운 과정이다. 그러나 스스로를 지각하지 못한 채 내면의 무감각 상태를 계속 키워왔다면 문제가 된다.

　느낌이 그 자체로 가치가 있음을 알았다면 이제 의식적으로 느낌으로 주의를 향해야 한다. 느낌을 단순한 자극으로 대하지 않아야 한다. '느낄 수 있는' 감각이 되어야 한다. 촉각에 알아차림을 가져가 주변의 기온을 지각하듯이, 자신의 느낌에 자발적으로 알아차림을 가져가는 법을 배워야 한다.

감각은 그것을 의식적으로 지각할 때 비로소 감각이 된다. 느낌도 마찬가지다. 의식적으로 지각할 때만 느낌이 된다. 느낌을 알아차리지 못하면 느낌의 힘을 어떻게 사용할지, 무엇을 바꾸어야 할지 알기 어렵다. 그러면 어떻게 하면 느낌을 '알아릴' 수 있을까? 이를 위해서는 어떻게 하면 느낌을 '알아차리는 상태'가 되는지 알아야 한다.

주변의 기온을 감지하는 것은 어렵지 않다. 주변 정보에 주의를 기울여 온도를 감지하는 능력은 모든 사람에게 있다. 주변 온도를 감지하기가 어렵지 않은 이유는 어디에 주의를 기울여야 하는지, 특정 온도가 어떤 느낌인지 알기 때문이다. 느낌도 마찬가지다. 일단 어디에서, 어떻게 느낌을 지각할 수 있는지 알아야 한다. 그러면 느낌에 주의를 향하는 일도 주변 온도를 감지하는 일만큼 수월해질 것이다.

느끼는 연습을 어떻게 할 수 있을까

다른 기술과 마찬가지로 느끼는 데도 연습이 필요하다. 민감성을 훈련해야 하고 꾸준히 관심을 기울여야 한다. 만약 당신이 오랫동안 느낌을 무시하고 살았다면 일단 자극에 주의를 기울이는 데서 시작해야 한다. 분명한 것은, 느낌 역시도 특정 순간 우리의 신체가 무의식적으로 처리하는 수많은 자극 중 하나라는 것이다.

다른 일처럼 느낌도 규칙적인 노력을 기울여 느끼는 연습을 할 수 있다. 하루 한 번이나 일주일에 몇 번 자기 내면에 주의를 기울이는 시간을 마련해, 그러지 않았다면 지나치거나 잊었을 일에 대한 민감성을 키울 수 있다. 이런 규칙성과 혼자만의 시공간을 좋아하는 사람들이 있다. 그들은 혼자 연습하는 공간을 쉽게 마련하며 이렇게 연습한 것을 일상의 삶에 실제로 적용한다. 그러나 이것이 잘 되지 않는 사람도 있다. 내가 그렇다. 나에게 느낌이란 연습 공간을 따로 마련하기에는 삶과 매우 밀접히 관련된 무엇이다. 나는 느낌과 가장 관련 있는 장소, 즉 삶의 한가운데서 느낌을 연습하는 편이 언제나 더 좋다.

일상 속의 느낌

우리는 다양한 이유로 주의를 당기는 많은 활동을 하며 대부분의 시간을 보낸다. 먹기, 돈 벌기, 휴식, 청소, 몸단장, 잠, 운동 등 우리가 시간을 보내는 활동의 목록은 끝이 없다. 그러나 이 모든 것은 '외부' 활동이다. 이것들은 우리가 바깥에서 무엇을 하는지 보여준다.

그런데 우리가 외부 활동과 병행하는 수많은 '내면' 활동들이 있다. 생각, 느낌, 명상, 꿈 등이 그것이다. 다양한 외부 활동이 중요하듯이 내면 활동 역시 나름대로 중요한 의미를 갖는다. 그런데 대부분의 사람이 많은 시간을 보내는 한 가지 내면 활동이 있다. 생각이 그것이다.

생각이라는 내면 활동은 물론 매우 중요하다. 그런데 생각은 종종 끝없이 나선을 그리며 한자리를 맴돈다. 우리는 느낌을 무시하기 위해 생각을 가지고 감각으로부터 딴 곳으로 주의를 돌린다. 그러나 이렇게 되면 생각은 더욱 한자리에 맴돈다. 그렇기 때문에 내면의 주의를 생각에서 거두어 감각으로 향할 필요가 있다.

외부 활동을 하는 데는 생각이 필요하지만 생각이 필요 없이 규칙적으로 매일 하는 활동도 있다. 그런데 이런 활동을 하는 중에도 우리는 생각에 빠져 시간을 보낸다. 이제부터 이런 활동을 생각이 아닌 감각에 집중하는 기회로 삼아보면 어떨까. 그렇게 하면 일상에서 느낌을 연습하는 공간을 더 많이 만들 수 있을 것이다. 느낌에 주의를 기울일수록 더 많은 자극을 의식적으로 지각할 수 있다. 자극을 의식적으로 지각할 때 그것은 감각으로 전환된다. 그리고 더 많은 감각을 느낄수록 감각은 자기 본연의 기능을 발휘할 것이다. 감각은 우리를 삶과 온전히 만나게 하고, 매순간 우리 내면과 주변에서 일어나는 일에 우리를 연결시켜 줄 것이다.

느낌을 느끼는 일도 꾸준한 연습이 필요하다고 하면 사람들은 내키지 않아 한다. 어떤 사람은 이것을 고된 일로 여긴다. 어떤 이는 자신이 제대로 연습하지 않는다고 생각한다. 그러나 나의 경험으로 볼 때 그들은 모두 사실과 다르게 생각하고 있다. 평범한 일상의 상황에서 느낌을 느끼는 연습을 하면 지루한 활동조차 질적으로 완전히 새로워진다. 이를 닦는 루틴이 생생한 경험으로 바뀐다. 신체감각을 지각하기 시작한다. 칫솔이 이를 가로지르며 미끄러지는 것을 알아차린다. 칫솔이 부드러운 안쪽 뺨을 따라 움직이는 동안 칫솔모가 반복해서 잇몸에 닿는 것을 알아차린다. 칫솔이 엄지손가락과 나머지 손가락의 안쪽에 닿는 압력을 손으로 느낀다. 그런 다음 몸 전체로 주의를 확장한다. 그러자 자신이 피곤하다는 걸 알아차린다. 목과 등에 긴장을 느끼고, 다리가 뻣뻣한 걸 느낀다. 이제 한 걸음 나아가 감정 차원으로 주의를 향한다. '지금 이 순간 나는 어떤 상태지? 힘든 하루를 보내고 지치긴 했지만 행복으로 가득 차 있나? 아니면 오늘 생각대로 되지 않은 일에 분한 마음이 아직 남았나? 끈질기게 따라다니는 문제가 나를 계속 괴롭혀 불안한가?' 이 닦고, 설거지 하고, 차로 출근하고, 샤워하는 동안 이 모든 것을 느낄 수 있다. 이런 식으로 모든 것이 살아 움직인다. 모든 것과 그리고 무엇보다 우리 자신과 접촉할 수 있다. 이 살아있음은 우리의 에너지를 고갈시키지 않는다. 그것은 우리에게 힘을 준다. 살아있음이 선사하는 이런 충족감은 정해진 규칙이 주는 것보다 더욱 큰 동기를 우리에게 부여한다.

느낌을 느끼는 두 가지 방식

감각 지각의 발달에 있어서 두 가지 느낌 모드를 구분하는 것이 유용하다는 것이 입증되었다. 한곳에 집중해 느끼는 집중 지각 모드와, 전체적으로 느끼는 전체 지각 모드가 그것이다. 빛에 비유해 두 모드를 구분하자면, 집중 지각은 손전등에서 나오는 빛줄기와 같다. 빛줄기를 한곳에 비추면 각각의 사물이 어둠 속에서 모습을 드러낸다. 반면, 전체 지각은 전구와 같아서 방해받지 않고 모든 방향에 빛을 보낸다.

우리는 손전등으로 어두운 한곳을 비출 때보다 천장의 등을 켠 상태에서 물건을 더 쉽게 찾을 수 있다는 걸 경험으로 안다. 물론, 한곳에 밝은 빛을 비추는 것이 더 좋은 경우도 있다. 치과 진료를 받을 때 또는 현미경으로 어떤 것을 들여다볼 때가 그렇다. 이런 경우에는 한곳에 집중하는 것이 더 도움이 된다. 우리 삶의 특정 영역을 더 자세히 살펴보고 싶을 때 특히 그렇다.

전체 지각

느낌도 마찬가지다. 전체 지각은 천장에 달린 등처럼 우리의 신체 시스템을 전체적으로 단번에 감지한다. 전체 지각은 신체의 특정 부위에 한정하지 않고 신체 시스템 전체와 몸이 받고 있는 모든 자

⋆ 연습7 ⋆

느끼는 시간 갖기

---

1. 당신이 매일 하고 있는 외부 활동 한두 가지를 선택한다. 샤워나 이 닦기 등 개인위생과 관련된 규칙적 활동도 좋고, 설거지나 침구 정리 같은 집안일도 좋다. 아니면 그 밖의 다른 규칙적 활동도 상관없다. 다른 활동과 분명히 구별되는, 매일 하는 일이면 무엇이든 괜찮다.

2. 일주일 동안 이 외부 활동을 하며 보내는 시간을 느낌을 연습하는 시간으로 삼겠다고 다짐한다.

3. 선택한 활동을 하는 동안 생각에서 의식적으로 주의를 거두어 감각으로 향한다. 감각이 지금 받고 있는 자극으로 주의를 향하는 것이다. 그런 다음 몸으로부터 감정 차원으로 주의를 옮겨 그곳에서 무슨 일이 일어나고 있는지 관찰한다.

4. 이제 자신의 신체 시스템에 관한 지각이 어떻게 바뀌었는지 관찰하고, 그와 함께 그 활동에 대한 자신의 경험이 어떻게 바뀌는지도 관찰한다.

※나의 사례: 나는 양치질하는 동안 조금 화를 내는데, 이 화는 나의 이빨에서 치석을 제거하는 데 꼭 필요한 만큼의 화다.

이 연습의 목표는 감각에 주의를 보내는 습관을 들이는 것이다. 강한 느낌이 일어나지 않는 상황에서 연습해두면 더 좋다. 이 기술을 발전시키면 나중에 강한 느낌이 일어나는 상황에서 더 수월하게 사용할 수 있을 것이다.

느낌은 어떻게 삶의 힘이 되는가

극에 고루 주의를 보낸다. 전체 지각을 통해 우리는 다른 부위와 다르게 느껴지는 신체의 특정 부위를 알 수 있다. 이를테면 특정 활동이 유독 활발한 신체 부위를 알아챌 수 있다. 추위와 더위가 유난히 잘 느껴지는 부위, 긴장이 느껴지거나 따끔거리는 부위도 알아챌 수 있다. 전체 지각이라는 주의 양식은 특정 부위에 초점을 두지 않고 시야를 확장시키는 부드러운 시선soft glance에 비유할 수 있다.

집중 지각

한편 집중 지각은 치과의사가 할로겐 조명으로 치아를 비추는 것처럼 제한된 영역에 주의를 보낸다. 주의를 집중해 한정된 부위를 자세히 비추면 몸 전체를 지각할 때보다 해당 부위를 더 잘 느낄 수 있다. 집중 지각은 지금 주의를 기울여야 하는 부위가 어디인지 전체 지각으로 안 다음 그곳에서 어떤 일이 일어나고 있는지 살피는 데 유용하다.

전체 지각과 집중 지각을 오가다

우리는 필요에 따라 전체 지각과 집중 지각의 두 방식을 오가며 확장할 수 있다. 앞서 이유 없이 나를 쏘아붙인 직장 동료의 예를 다시 보자. 동료의 무례한 말에 나는 잠시 멈추어 나의 내면으로 주의를 향한다. 먼저 전체 지각의 도움으로 지금 내 몸이 어떤 상태인지 재빨리 훑는다. 그러자 배에 무언가 걸려 있는 것처럼 느껴지는 걸 재빨리 알아챈다. 이제 배의 느낌에 더 가까이 가기 위해 집중 지각으로 전환해 배를 집중적으로 들여다본다. 그러나 이와 반대로 집중 지각에서 전체 지각으로 확장하는 것이 유익한 경우도 있다. 어떤 명상법은 이 방식을 사용한다. 미세한 영역을 지각하는 법을 배운 뒤 그렇게 높아진 민감성을 조금씩 확장해 몸 전체를 지각하는 방식이다.

정글로

책머리에서 우리 내면의 느낌의 영역에 들어가는 것을 정글 여행에 비유할 수 있다고 했다. 정글은 처음엔 모든 게 어수선하고 혼란스러워 보인다. 어떤 법칙도 작동하지 않는 것처럼 말이다. 그러나 시간을 두고 들여다보며 정글의 경험에 발을 들이면 혼돈에서 질서가 나타난다. 이때 식물학이나 해당 지역의 동식물에 관한 책을 읽으면 도움이 될 것이다. 다른 연구자들의 여행기를 참고해도 좋다. 이런 지식을 갖추면 아무 지식 없이 정글 여행에 나섰을 때보다 더 빨리 정글의 질서를 발견할 것이다. 그러나 처음엔 어쩔 수 없이 정글의 가혹함에 압도당하기 마련이다. 그 무엇도 우리를 실제의 정글 체험에 미리부터 준비시켜 주지는 못한다.

집중 지각과 전체 지각

1. 몸에 주의를 보낸다.

2. 특별히 주의를 끄는 신체 부위가 있다면 그곳으로 주의를 향한다. 주의
   를 끄는 부위가 없다면 어떤 부위를 선택해도 좋다. 두 경우 모두, 선택
   한 부위를 분명하게 정의하고 다른 신체 부위와 구분하는 것이 중요하다.

3. 선택한 특정 부위에 온전히 주의를 보낸다. 긴장을 푼 상태에서 호흡이
   고르게 고요하게 흐르도록 한다.

4. 이 부위에서 전에 느끼지 못한 감각이 느껴진다면 그것을 관찰한다. 이
   부위에 오랫동안 온전히 주의를 보낼수록 더 많은 감각을 느낄 것이다.
   이것이 집중 지각이다.

5. 새롭게 알게 된 지각의 민감성을 유지한 상태에서 이렇게 고조된 주의를
   몸 전체로 조금씩 확장한다.

6. 온전하고 치우침 없는 주의를 몸 전체에 고루 보낸다. 이것이 전체 지각
   이다.

앞서 1부와 2부에서 우리는 느낌을 공부하는 데 초점을 맞추었다. 이것을 '느낌 세계의 식물학'이라 부를 수 있겠다. 느낌에 관해 공부해 두면 느낌이라는 내면의 정글을 처음 경험할 때 밀려오는 감각과 느낌에 압도당하는 순간에 그로부터 달아나지 않을 수 있다. 달아나는 대신 그 순간에 머물러 그 감각과 느낌을 더 정확히 살필 수 있다. 감각에 더 많이 주의를 향하면서 의식적으로 느끼는 연습을 할 수 있다. 이렇게 하면 지금껏 어떻게 다뤄야 할지 몰랐던 수많은 감각에 열릴 수 있다. 물론 우리가 맞닥뜨리는 모든 느낌이 즉시 활용 가능한 힘이 되는 것은 아니다. 대개 우리는 자신의 느낌을 어떻게 다루어야 하는지 몰라 그것을 무시하며 살아왔다. 느낌으로 알고 있던 것이 실은 느낌을 가장한 감정인 경우도 있고, 감정이 신체통증으로 드러나기도 한다. 설상가상으로 우리는 이런 현상을 말끔히 정리된 방식으로 경험하지 않는다. 이런 현상은 흔히 한데 뒤섞인 상태로 나타난다.

그럼에도 이 혼동 현상을 의식적으로 조금씩 사라지게 하는 것은 가능하다. 이제 우리는 느낌의 세계에 관한 새로운 정보를 얻었다. 그리고 이 정보를 의미 있는 방식으로 활용해야 하는 과제가 우리 앞에 놓였다. 가령 목과 배에 무언가가 걸려 있는 느낌처럼 신체 특정 부위에 굳어 있는 힘을 어떻게 활용할 수 있을까? 슬픔에 발을 딛는 순간 열리는 그곳의 심연을 어떻게 다룰 수 있을까? 어떻게 하면 슬픔의 심연이 우리가 헤엄칠 수 있는 호수가 될 수 있을까?

　　　　　　　　　　　느낌은 어떻게 삶의 힘이 되는가

지금부터 몇 장에 걸쳐 느낌을 힘으로 활용할 수 있는 몇 가지 단계를 설명한다. 가짜 신체감각을 살펴보는 것으로 시작해 감정으로 옮겨간 뒤, 마침내 진짜 느낌에 이르는 단계로 나아갈 것이다. 이 단계에 이르면 느낌은 우리가 사용할 수 있는 '힘'이 된다.

느낌이 나타나는 다양한 모습

＊신체감각: 느낌은 생리적, 신체적 원인을 찾을 수 없는 신체감
  각으로 나타나기도 한다.
＊감정: 느낌은 압박감, 아픔, 막연한 불편감 등 축적된 느낌의
  힘, 즉 감정으로 나타나기도 한다.
＊에너지: 느낌은 몸속을 순환하며 움직이는 에너지로 나타나기
  도 한다. 이 에너지가 매우 강하게 드러나는 경우도 있다.
＊힘: 느낌은 우리를 움직이는 집중되고 역동적인 힘으로 나타
  나기도 한다.

감각의 종류는 다양하지만 감각을 여는 열쇠는 언제나 동일하다. '감각을 느끼는 것'이다. 신체통증의 감각을 느끼면서 그곳에 순수하게 주의를 보내는 것이다. 그럴 때 신체통증은 감정으로 자신을 드러낸다. 그리고 감정은 느낌으로 전환된다. 이 힘이 우리 몸에서 느낌이라는 형태로 활용 가능할 때에만 그 힘을 어떻게 사용해야 하는지 알 수 있고 그에 따라 그 힘에 집중할 수 있다. 물론 느낌

의 나라로 향하는 여행이 언제나 신체감각에서 출발하는 것은 아니다. 때로는 신체통증이 아닌 특정한 느낌과 감정에서 출발하기도 한다. 또 신체통증과 느낌, 감정이 결합된 형태로 출발하는 경우도 있다. 한 가지든 여러 가지가 섞인 형태든, 세 가지 형태의 느낌에 모두 익숙해지는 것은 우리에게 도움이 된다. 이렇게 느낌에 익숙해지면 특정 순간에 자신이 어떤 상태에 있는지 분명히 알게 되고 그에 따라 내가 지금 마주한 감각을 어떻게 다루어야 하는지도 알 수 있다.

느낌은 어떻게 삶의 힘이 되는가

연습 9

느낌 회피 전략에서 벗어나기

느낌을 계속 피하려고 하는 한, 당신이 지금 빠져 있는 중독과 회피 전략은 당신을 단단히 붙잡은 채 놓아주지 않을 것이다.

1. 당신이 자주 사용하는 느낌 회피 전략 중 하나를 고른다. (자주 사용하는 회피 전략이 떠오르지 않으면 13장에 소개한 '연습5 느낌을 피하는 과정 인지하기'를 먼저 해본다)

2. 일주일 동안 이 회피 전략을 사용하고 싶은 충동이 일어날 때마다 1분 동안 내면의 느낌을 온전히 알아차리겠다고 다짐한다. 이미 그 전략을 사용하고 있는 자신을 발견했다면 이를 깨닫는 순간 내면의 느낌으로 다시 알아차림을 향한다.

3. 느낌 회피 전략을 사용하고 싶은 마음에서 의식적으로 주의를 거두어 감각, 즉 당신의 오감이 지금 받아들이고 있는 자극으로 주의를 향한다.

4. 느낌 회피 전략과 내면의 느낌에 번갈아 주의를 기울이며 실험해본다. 불편한 감각을 느끼도록 자신에게 허용할수록 회피 전략에서 더 많이 벗어날 수 있다. 이제 당신은 회피 전략을 따라갈 수도 있고 그러지 않을 수도 있다. 이것은 당신의 선택에 달렸다.

신체통증에서 감정으로

신체감각은 상대적으로 알아보기 쉬워 어렵지 않게 느낌과 구별할 수 있다. 그런데 신체감각에는 통증을 비롯한 순수한 신체감각이 있는가 하면 감각으로 가장한(가장하지 않으면 알아보지 못한다는 이유로 가장한) 것도 있다. 가장한 신체감각을 신체상 발생한 진짜 통증과 구별하기 위해 나는 가짜 신체통증pseudo-physical pain이라는 용어를 쓴다. 신체 차원에서 통증은 우리가 경험하는 강한 감각 중 하나로, 그것을 어떻게 다루어야 하는지 자세히 살펴볼 필요가 있다.

아프거나 다치면 몸은 통증이라는 신호를 보내 우리에게 문제가 생겼음을 알린다. 그러나 의약 기술이 발달한 오늘날 우리는 통증이 보내는 신호를 꺼뜨리는 강력한 수단을 갖게 되었다. 치과 치

느낌은 어떻게 삶의 힘이 되는가

료나 수술에서는 통증 신호를 끄는 일이 매우 중요하다. 그런 상황에서 몸이 보내는 통증 경보는 의사와 환자 모두에게 커다란 불편을 안기기 때문이다.

그러나 원인이 불분명한 통증까지 무조건 통증 스위치를 꺼서는 안 된다. 우리 신체 시스템은 감정적 고통과 그에 따라 정체된 에너지를 흔히 신체통증이라는 증상으로 드러낸다. 많은 사람이 원인 불명의 가벼운 신체 증상과 두통을 겪는다. 인디애나 의과대학의 연구에 따르면 우울증 환자들은 종종 신체적 통증을 호소한다고 한다. 통증의 원인으로 지목할 만한 것을 몸에서 찾을 수 없어도 우울증 환자는 신체적으로 통증을 지각한다고 한다.

그러나 통증이 일어나는 부위에서 그것을 느끼는 법을 배울 수는 있다. 그러면 몸은 더 이상 신체를 통해 통증을 드러낼 필요가 없어진다. 통증의 근본 원인을 짚어내면 통증에 대해 무언가를 할 수 있는 가능성이 생긴다. 감정적 고통은 신체 차원에서 치유될 수 없다. 감정 차원에서 지각하고 스스로 드러나도록 허용해야 한다. 이런 식으로 근원적인 치유가 일어난다면 만성적인 신체통증이 몇 초 만에 사라질 수도 있다.

통증 뒤의 감정에 접근하기

몸에 주의를 보내면 얼마 안 가 신체 특정 부위에서 특정한 감각이 느껴질 것이다. 이 감각이 느껴지는 이유를 딱히 말하지 못하는 경우에도 우리 몸은 압박감과 막힌 느낌, 열감이나 차가움을 느낀다. 우리는 그것이 무엇인지 정의하거나 설명하지 못해도 '어떤 것이 존재한다'는 것을 단순하게 감지한다. 또 신체 특정 부위에 오랜 시간 강한 통증을 쌓아두는 경우도 있다.

몸에서 느끼는 통증과 압박감에 의식적으로 주의를 보내면 그것을 더 명료하게 지각할 수 있다. 그 결과는 처음엔 그다지 유쾌하지 않을 수 있다. 통증과 압박감을 깊이 느낄수록 대개는 더 불편해진다. 감각에 더 주의를 기울이는 것만으로 감각의 강도가 더 높아지는 것 같다. 그러나 이것은 우리가 느끼는 민감성이 커졌기 때문이다.

우리의 사례로 돌아가 품위와 교양을 갖춘 내가 동료와 딸에게 분노를 터뜨리지 않고 참았다고 해보자. 그런데 딸아이가 잠든 뒤 슬슬 배가 아프고 머리가 지끈거린다. 나의 취약한 신체 부위에 따라 또는 내가 지금껏 무엇을 억눌러 왔는지에 따라 복통과 두통이 아닌 다른 통증을 느낄 수도 있다. 그런데 이제는 주의를 딴 곳으로 돌려 몸의 통증 감각에서 멀어지는 것이 아니라 오히려 통증에 의식적으로 주의를 보낸다. 이렇게 하면 처음엔 통증이 더 커질 수 있다. 하지만 감각 속으로 들어가 '그것과 함께' 이완하면 통증에 대한 지각이 바뀔 수 있다. 이제 통증 감각은 더 확장되어 생생히 살아 있는 무엇이 된다. 아직 뭉쳐 있지만 통증 감각은 이제 에너지의 형태로 나타난다. 이제 이렇게 민감성이 높아진 주의를 몸 전체에 보낸다. 집중 지각에서 전체 지각으로 전환하는 것이다. 이때 결정적인 변화가 일어난다. 처음에 관찰한 부위가 아닌 다른 부위까지 알아차리게 되면서 신체의 통증과 압박감을 순전히 신체적이 아닌 방식으로 느낄 수 있다. 신체의 통증과 압박감을 신체와 별개로 존재하는 감각으로 경험하는 것이다. 이때 우리는 신체통증을 그것의 원래 형태인 감정으로 지각한다.

감정에서 느낌으로

감정은 아직 우리가 사용할 수 있는 힘이 되지 못했다. 책머리에서 우리는 '감정'을 이렇게 정의했다. '겹겹이 쌓이고 축적되어 얼어붙은 느낌'. 감정 자판기의 비유를 다시 보자. 음료가 얼어붙은 상황은 아예 음료가 없는 것만큼 좋지 않은 상황이라는 것은 누구나 바로 안다. 자판기에 음료가 가득해도 얼어 있으면 버튼을 눌러도 음료가 나오지 않는다. 갈증으로 목이 타는 건 매한가지다.

마찬가지로 우리는 감정의 힘을 상당 부분 얼어붙은 상태로 힘겹게 끌고 다닌다. 감정의 무게는 엄청나게 무겁다. 무거운 감정은 주기적이고 지속적으로 우리를 끌어내리며 우리를 쓰러뜨리겠다고 위협한다. 아직 우리는 감정 뒤에 있는 힘에 다가가지 못하고 있다.

느낌은 어떻게 삶의 힘이 되는가

적어도 기능적으로는 감정의 힘을 제대로 활용하지 못하는 상태다.

보통 우리는 감정 응어리를 말끔하게 처리하고 싶어 한다. 감정 응어리를 어떻게든 없애거나 아예 느끼지 않으려고 하는 것이다. 감정 응어리는 우리를 짜증나게 하고 불편하게 만들고 성가시게 만들기 때문이다. 우리는 성가신 감정 응어리를 어떻게 해야 할지 몰라 오래도록 고민한다. 그러면서 흉측한 몰골의 감정 응어리가 우리 감정 자판기 속의 얼어붙은 음료라는 생각은 꿈에도 하지 못한다. 그렇지만 아무리 애를 써도 감정 응어리는 그림자처럼 우리를 따라온다. 이것이 감정 응어리의 본모습이다.

감정이 느낌으로 바뀌어야만 우리가 적극 활용할 수 있는 힘이 된다. 감정은 현재 속으로 들어갈 때에만 힘으로 활용할 수 있다. 감정을 '지금' 만나야만 현재로 들어가는 길을 찾는다. '지금 감정을 만난다'는 것은 내면에서 감정을 피하거나 분석하거나 무시하지 않고 그것을 느끼는 것이다. 감정 차원의 치유는 집중 지각과 전체 지각으로 가짜 신체통증을 변화시키는 것과 동일한 방식으로 일어난다.

자기만의 시간 갖기

감정을 다룰 때 우리는 자기 내면의 깊은 공간 속으로 들어가게 된다. 앞서 우리가 연습한 느낌과 다르게 감정을 다룰 때는 자기만의 시간을 갖고 내면으로 주의를 향하는 것이 낫다. 이것은 특정 사건에 의해 감정이 일어났든, 아니면 자기 감정의 특정 부분에 의식적으로 주의를 향하는 경우든 마찬가지다.

특히 갑작스레 일어난 감정의 경우에 실제적이고 사회적인 이유로 그것을 그저 없던 일로 치부하기가 마땅치 않다. 이때는 그 감정을 일으킨 상황을 기억한 다음 나중에 다시 살펴보는 것이 좋다.

감정적 아픔

해묵은 감정이 의식 표면에 떠올라 그것을 다시 느낄 때 아픔이 따라온다. 아픔은 어떤 일이 우리가 원하는 방식과 다르게 일어날 때 생긴다. 자신의 욕구와 현실 사이의 간격이 클수록 아픔은 더 크다. 내가 원하던 것과 다른 것을 경험할 때 감정적 아픔이 일어난다. 특히 내가 원하는 것과 극도로 다른 경험을 할 때 감정적 아픔은 매우 클 수 있다.

아픔은 삶의 자연스러운 일부다. 우리는 저마다 자신이 원하는 바와 다른 상황을 어릴 적부터 경험한다. 이 사실을 받아들이는 것은 발달 과정에서 매우 중요한 단계다. 그것은 마음에 들지 않는 상황에 대처하는(그리고 경우에 따라 그것을 변화시키는) 첫 번째 단계가 된다. 자신의 절대신념에 묶여 상황이 지금과 다르게 되어야 한다고 고집하는 것은 그 상황이나 그와 관련된 느낌과 접촉하지 않으려 한다는 뜻이다. 이런 식으로 우리는 감정적 괴로움을 스스로 지어낸다.

고통pain과 괴로움suffering은 다르다. 우리가 지닌 절대신념은 우리에게 괴로움을 안기지만 우리가 내리는 개인적인 해석은 괴로움을 일으키지 않는다. 우리는 고통을 겪지 않고도 괴로울 수 있고, 고통을 겪으면서도 괴로워하지 않을 수 있다. 대부분의 사람이 이 사실을 알지 못한다. 사람들은 고통을 경험하자마자 '자동으로' 괴로워한다. 고통에서 괴로움이 비롯한다는 생각은 누가 보아도 명백해 보이지만 정확하지 않다. 고통이 우리에게 자동으로 괴로움을 안기는 유일한 이유는 '고통을 겪는 것은 무조건 잘못된 일'이라는 우리의 믿음 때문이다. 이 절대신념이 우리를 괴롭게 만든다. 이 믿음을 내려놓을 수 있다면 문제와 고민거리와 고통이 삶의 피할 수 없는 자연스러운 일부임을 알게 되며, 더 이상 그것 때문에 괴로움을 겪지 않는다. 삶의 문제와 고민거리와 고통은 몇 번이고 우리에게 도전장을 내밀 것이다. 계속해서 우리를 기분 나쁘게 하고 상처를 입힐 것이다. 하지만 '그것이 존재해서는 안 된다'는 생각을 내려놓는다면 그런 상황은 그저 우리가 처리해야 하는 또 하나의 현실이 된다.

우리는 감정적 고통을 피하거나 밀어내거나 가상의 이야기를 지어내지 않고도 그것을 해소할 수 있다. 그런데 혼자서는 감정적 고통과 맞닥뜨리는 일을 해내기가 쉽지 않다. 그래서 이 단계에서 종종 다른 사람의 도움이 필요하다. 이건 간단히 설명할 수 있다. 우리가 어떤 느낌을 경험하는 순간 그것이 압도적으로 강하면 그 느낌이 드러나지 못하고 억압되어 감정으로 변한다. 그러면 우리의 신체 시스템은 이 경험을 인정하지 못하고 묻어두는 방법으로 자신을 보호하는데 이때 그 느낌이 감정 응어리로 바뀐다. 운이 좋다면 믿을 수 있는 소중한 사람에게 곧장 달려가 어깨에 기대어 큰 소리로 울 수 있다. 그의 현존과 공감 덕에 전에 느낄 수 없던 느낌을 느낄 수 있다. 이런 이유로 강렬한 느낌이 일어나는 순간, 서로가 곁에 있어주는 것이 중요하다. 감정 응어리를 의식적으로 내보내는 다음 연습은 나의 책 『부모를 위한 감정지능 안내서』에서 가져왔다. 이 연습은 감정을 내보내는 과정에서 서로가 서로를 돕는 안전한 테두리를 마련해 줄 것이다.

감정적 괴로움

감정적 고통과 달리, 감정적 괴로움은 그것에 붙어 다니는 절대신념을 내려놓아야만 사라진다. 이때 그저 감정을 느끼는 것만으로는 되지 않는다. 감정적 괴로움을 치유하려면 문제 상황에 대한 새로운 해석이 필요하다. 절대신념은 과거에 일어난 어떤 일이 결코 일어나서는 안 되는 일이었다고 우리에게 속삭인다. 그때도 지금도 그것은 절대적으로 잘못된 일이라고 말한다.

절대신념을 지닐 때 나는 부모님이 나를 '감정 쓰레기통'으로 이용한 일을 절대적으로 잘못된 일이라고 믿는다. 또 부모님이 자신의 느낌을 더 성숙한 방식으로 다뤘어야 한다고 믿는다. 이런 믿음은

느낌은 어떻게 삶의 힘이 되는가

감정 응어리를 의식적으로 내보내는 법 익히기

해묵은 감정 응어리를 안전하게 처리하기 위해서는 대개 적어도 한 사람의 지원이 필요하다. 믿을 수 있고 함께할 때 편안한 사람이면 좋다. 연인이나 배우자일 수도 있고 좋은 친구일 수도 있다. 아니면 서로 자신의 감정 응어리를 내보내는 목적으로 만난 사람이어도 좋다. 중요한 것은 나의 감정을 흥분시킨 사람이 아니어야 한다는 점이다.

1. 방해받지 않고 20분 정도 있을 수 있는 장소를 찾는다. 물론 한 시간이 걸릴 수도 있다. 일단 연습에 익숙해지면 필요에 따라 10분이면 충분할 때도 있다.
2. 이 맥락에서 나누는 모든 내용은 특별한 비밀 유지가 필요하다는 데 서로 합의한다. 이 일을 다른 사람에게 이야기하지 않을 것이며, 두 사람 사이에서도 다시 꺼내지 않기로 한다. 만약 다시 꺼낼 필요를 느낀다면 상대에게 허락을 구한다. 만약 상대가 거절하면 존중해야 한다.
3. 할당된 시간을 분배한다. 20분을 쓸 수 있다면 각자 10분씩 이야기한다.
4. 누가 먼저 들을지, 누가 먼저 말할지 정한다.
5. 듣는 사람은 상대를 공감하고 지지하는 공간을 마련하는 데 집중해야 한다. 이 작업은 아무 말 하지 않고 고개를 끄덕이거나 질문도 하지 않으면서 그저 듣기만 하는 것이 바람직하다. 처음엔 이색할 수 있지만 이렇게 하면 말하는 쪽이 자기가 말할 때 상대가 보이는 반응에 지나치게 주의를 빼앗기지 않으면서 자신의 감각에 집중하는 데 도움이 된다.

6. 말하는 사람은, 그 순간에 현존하는 자신의 느낌에 온전히 집중해 자기 내면에서 일어나고 있는 일을 이야기한다. 즉 지금 자신의 마음을 차지하고 있는 것, 마음을 무겁게 하는 것, 속상하게 하는 것에 관해 말한다. 천천히 한다. 정해진 시간 동안 얼마든지 잠시 멈춰 내면을 들여다보고 지금 마음 상태가 어떤지 살핀다. 느낌을 따라간다. 그것이 설사 과거로 데려갈지라도. 당신의 생각과 분석, 명제와 견해에 관해 너무 많이 이야기하지 말고, 느낌과 감정에 충실히 머문다.

7. 감정을 내보내는 것은 시간이 지나면 요령을 터득할 수 있다. 그것은 연습의 문제다. 감정 내보내기는 눈물을 흘리거나 키득거리거나 한숨 쉬거나 끙끙거리는 등 수많은 방식으로 일어날 수 있다. 처음엔 소리 내어 우는 것이 감정을 내보내는 데 도움이 될 수도 있지만 시간이 지나면 다른 형태의 내보냄을 발견할 수 있다. 분노를 통해 만난 것에서는 평화를 찾을 수 없기 때문이다. 일단 자신에게 내보낼 공간을 주고 그 느낌을 따라간다면 이 일은 모두 자연스럽게 일어난다.

8. 역할을 바꾼다. 마치면 서로 감사를 나눈다.

느낌은 어떻게 삶의 힘이 되는가

부모에게 감정의 상처를 입은 당시에는 중요한 기능을 했다. 그 사건이 나에게 미치는 영향을 완충시키는 에어백 역할을 한 것이다. 당시 부모에게 맞서는 것은 나에게 큰 부담이었다. 그러나 장기적으로 우리는 감정 '에어백'에 비싼 대가를 치러야 한다. 왜냐하면 절대신념을 고집하는 한, 감정적 고통을 느끼지 않고 계속해서 피할 것이기 때문이다. 감정적 고통을 계속 피한다면 그것을 바깥으로 내놓지 못한 채 언제까지나 지니고 다녀야 한다.

일시적으로 판단을 멈추고 사랑의 마음으로 자신의 감정 응어리를 의식적으로 내보내야 한다. 나의 경험으로 볼 때 이런 연습만으로 감정 치유에 필요한 새로운 해석에 이를 수 있다. 애당초 감정적으로 우리를 압도하는 일 때문에 절대신념이 만들어졌다면 감정을 내보내는 과정에서 우리가 지닌 절대신념도 함께 내려놓을 수 있다. 이때도 생각만으로는 감정을 내보내는 과정에 들어설 수 없다. 지난 사건을 지금과 다르게 해석하더라도 생각만으로 감정을 내보내는 것은 불가능하다. 이때는 생각이 느낌에 자리를 내주어야 한다. 생각의 자리에 느낌이 들어설 때 생각은 깨어있고 지혜로운 수행원, 현명하게 우리를 돌보는 수행원이 된다. 감정을 내보내면 그와 더불어 우리가 지닌 절대신념도 내려놓을 수 있다.

절대신념을 내려놓으면 과거와 현재의 자기 모습과 있는 그대로 만날 가능성이 열린다. 이렇게 해서 내가 겪고 있는 고통과 마주하게 된다. 내가 바랐던 것과 다른 일이 일어났다는 사실에 직면할 수 있다. 부모가 자신의 감정 보따리를 나에게 지운 일에 화를 내며 어린 시절을 슬퍼할 수 있고, 부모가 자신들의 감정 응어리를 제대로 처리하지 못한 것을 슬퍼할 수도 있다. 이처럼 해묵은 감정적 고통을 실제로 느낄 때 내가 겪고 있는 감정적 괴로움이 사라진다. 지금까지 그 존재를 알아보지 못했던 느낌이 이제 자기 역할을 하면서 감정 응어리를 내보낼 수 있다. 이에 대해서는 조금 뒤에 더 자세히 설명한다.

감정적 고통을 피하는 데 유의하라

처음에 감정적 고통과 압박감을 피하지 않고 의식적으로 지각하는 것은 힘겨울 수 있다. 우리는 감정적 고통을 피하는 데 무척 익숙하다. 그것은 우리에게 8차선 도로처럼 뻥 뚫려 있다. 한편, 감정적 고통을 실제로 느끼는 것은 어릴 적 이후로 다니지 않은 오솔길처럼 풀이 우거져 있다. 느낌이라는 오솔길을 걷는 것은 우리에게 도전으로 다가온다. 그보다는 고속도로를 달리는 게 훨씬 편해 보인다. 오솔길의 어떤 부분은 덤불이 무성하게 자라 길이 보이지 않으며 심지어 오솔길이 없다고 믿기도 한다. 이 때문에 자신의 감정 응어리에 관심을 갖고 실제로 느끼기 위해서는 커다란 깨어있음이 필요하다.

감정에 주의를 향하는 과정에서 자신의 자연스런 한계를 인정해야 한다. 사람마다 가진 고유한 한계 때문에 한꺼번에 과도한 감정적 고통과 접촉하지 않으며 이렇게 해서 우리의 신체 시스템에 과부하가 걸리지 않는다. 특정 순간에 어떤 감정을 지각하든 그것으로 충분하다고 믿을 필요가 있다. 무엇이든 억지로 하고 싶은 유혹을 이겨야 한다.

감정에 주의를 향했을 때 특정 신체감각이 강하게 느껴진다면 느낌 모드로 이동했음을 알리는 믿을 만한 신호다. 반면, 신체의 고통과 압박감이 커지지 않는다면 아직 느낌 모드로 이동하지 않았거나 느낌을 느끼지 못하고 있다고 보아야 한다.

느끼기, 이완하기, 호흡하기

앞서 말했듯이 특정 신체감각이 강해졌음을 인식할 때 그 감각을 의식적으로 지각하게 된다. 이런 이유로 감각을 느낄 때는 몸을 편안하게 이완하는 것이 중요하다. 통증 등의 불편한 감각이 일어나면 우리는 흔히 자동으로 숨을 멈추고 긴장한다. 그러나 이렇게 되면 신체 시스템의 에너지가 흐르지 못하고 정체된다. 그러면 체내의 감정 응어리도 자유롭게 움직이지 못한다. 이것은 우리의 자동화된 방어기제로 성가신 감정 응어리를 오랫동안 눌러온 결과다. 이런 이유로 감정 응어리를 느낄 때는 몸을 편안하게 이완하면서 가능한 자유롭게 호흡이 흐르도록 해야 한다.

이완할 때마다, 호흡할 때마다 신체감각이 더 강하게 느껴질 수 있다. 그러나 신체감각을 느끼는 데 가만히 주의를 기울이면 중요한 변화가 일어나는 것을 관찰할 수 있다. 즉, 신체의 에너지를 내려놓고 내보내는 경험을 하게 되는 것이다. 이것은 때로 몸 전체나 일부에서 따끔거림으로 느껴지기도 하고, 미세한 떨림이나 경련으로 지각되기도 한다. 또 이 과정에서 조금 전에 없던 느낌이 일어나는 것을 볼 수도 있다. 그러면서 감정적 고통과 압박감이 다소 가라앉기도 한다.

그런데 이렇게 하려면 인내심을 갖고 자신의 감정에 가만히 머물러야 한다. 긴장하거나 딴 생각에 빠져 산만해지지 않아야 한다. 느낌이 펼쳐질 수 있는 공간과 시간을 자신에게 허용해야 한다. 엄마 자궁에서 아홉 달을 웅크렸다 세상에 나와 조금씩 팔다리를 펴는 갓난아기처럼 오랜 시간 억압된 감정이 새로운 공간에서 펼쳐지는 데는 시간이 필요하다.

과거와 새롭게 만나기

감정은 우리가 한 번도 열어보지 않은 우편물 더미와 같다. 감정 응어리가 녹기 시작하면 느낌이 흘러나온다. 흔히 이 느낌은 아주 오래 전에 만들어진 것인데 당시엔 이 느낌이 도움이 되었거나 적절했다 해도 지금은 상황이 바뀌었다. 그럼에도 우리는 이 느낌을 어떻게든 처리해야 한다. 더 중요하게는 느낌 아래에 자리 잡은 해석과 직접 대면해야 한다. 이 느낌을 현재로 가져오기 위해서는 그것을 의식적으로 다루어야 한다.

감정의 형태로 굳어버린 느낌에는 시간 감각이 존재하지 않는다. 느낌이 감정으로 얼어버리면 어떤 일이 일어난 지 수십 년이 지났다는 사실을 깨닫지 못한다. 당시 느낀 분노와 슬픔, 두려움의 힘은 아직 사용되지 못한 채 우리 몸에 그대로 남아 있다. 이 느낌들은 우리가 그것을 느끼길 원하고 있다. 그리고 이 느낌들은 우리가 당시에 겪은 일과 어떻게 관계 맺고 있는지 말해주고 있다.

오래된 우편물 더미를 다시 들여다볼 때 우리는 겹겹이 쌓인 감정의 층과 만나게 된다. 이렇게 감정이 쌓이는 이유는 무엇일까. 그것은 우리를 압도하는 상황에 대처하기 위해 우리가 지금껏 다양한 감정 전략을 시도했기 때문이다. 예컨대 머리끝까지 화가 치민 엄마에게 우리가 맨 먼저 느낀 느낌은 극도의 두려움이었을 것이다. 그리고 이 두려움에 압도당한 나머지 당시에는 엄마가 감정을 폭발시킨 책임이 나에게 있다고 믿었다. 그럼으로써 두려움을 수치심이라는 감정의 층에 넣어 꽁꽁 묶었다. 그런 다음 엄마가 폭발시킨 분노에 대해 내가 무언가 할 수 있다는 환상으로 나를 다독였다. 그렇게 시간이 흘러 내가 바라던 변화를 일으키지 못하자 자기비하와 그에 따른 수치심이 참지 못할 만큼 커졌다. 그러면 나는 거기에다 아주 두꺼운 분노의 층을 깐다. "못난이 엄마 같으니라고!" 그렇지만 엄마가 못난이라는 생각을 나는 받아들일 수 없다. 더구나 엄마에겐 '좋은 면'도 있었으므로 이제 나는 모든 것을 두터운 슬픔의 층에 집어

넣는다. "엄마랑 같이 있을 때 기분이 나쁘다니 나는 나쁜 아이야."
게다가 엄마에게 사랑을 보여주는 게 나의 중요한 관심사이기도 하
므로 이제 설탕을 바른 기쁨의 감정이 맨 위에 자리를 잡는다. 이제
엄마가(또는 엄마를 떠올리게 하는 어떤 사람이) 분노를 통제하지 못한
채 행동하면 지금까지 쌓여온 감정들이 고개를 쳐들고 일어난다. 처
음에는 층층이 쌓인 감정 가운데 하나만 느낀다. 아니면 오래된 감
정 전략을 우리의 몸이 현재 상황에 적용하려는 바람에 지금껏 층
층이 쌓인 감정이 한꺼번에 일어나 뒤범벅이 되기도 한다. 어떤 식이
든 그 순간 일어난 감정을 느낄 때에만 묵은 감정의 응어리에 주의
를 향할 수 있다. 필요하다면 내 말을 들어주는 사람의 도움을 받아
감정을 느끼고 드러내야 한다. 이 과정에서 내가 느끼는 감정이 변화
할 수 있다. 가령 분노가 슬픔으로, 슬픔이 수치심으로, 수치심이 두
려움으로 바뀐다. 이런 식으로 앙금처럼 쌓인 묵은 감정의 층을 하
나씩 느껴간다.

한동안 감정의 층을 하나씩 느끼다 보면 썰물처럼 자연스럽게
감정을 내보낼 수 있게 된다. 이제 지난 일이 더 분명히 드러나 보이
면서 지금 상황을 새롭게 이해할 수 있다. '과거의 그 일에 대해 나는
지금 어떤 해석을 내리고 있는가? 과거의 그때와 관련해 오늘의 나
는 누구인가?'

이렇게 시간이 지나면 단 하나의 쓸모 있는 해석이 남는다. 가령
이런 식이다. '상황이 이렇게 된 건 안타까운 일이야. 엄마가 자기 감

정의 응어리를 스스로 풀지 못해 나에게 덮어씌운 건 불행한 일이지. 나 혼자 그 부담을 짊어지느라 두려움조차 느끼지 못했으니까.'

이때 느끼는 슬픔은 당시의 일이 내가 바라는 대로 일어나지 않았음을 받아들이게 한다. 또 원하던 바와 다르게 반응한 나 자신도 받아들이게 한다. 그런데 당시에 분명히 해야 할 일이 있었듯이 오늘 분명히 짚고 넘어가야 할 일도 있다. 당시에 잘못되었다고 보았으며, 지금도 잘못되었다고 보는 일이 그것이다. 예컨대 엄마는 이제 걸핏하면 자녀에게 화를 퍼붓는 게 습관이 되었을 수도 있다. 그리고 지금껏 누구도 엄마에게 이 점을 지적하지 않았을 수 있다. 어떤 상황은 시간이 지나고 보면 당시에 드러나지 않은 목적을 갖고 있는 경우가 있다. 이때 우리는 그 일을 뜻밖에도 '잘된 일'이라고 해석할 수 있다. 그리고 그에 따라 묵은 감정 대신 기쁨이 일어나기도 한다. 어쩌면 이런 식으로 자신을 알아갈 때 우리 모두가 더 강해지는지 모른다. 이것은 만약 엄마가 내게 화풀이를 하지 않았다면 결코 일어나지 않았을 일들이다.

오늘 우리가 어떤 해석을 내리며 그 결과로 어떤 느낌이 일어나는가와 무관하게 느낌이 감정과 근본적으로 다른 점이 있다. 그것은 느낌은 현재 순간에 직접적으로 일어난다는 점이다. 느낌은 현재에 살아 있는 채로 흐른다. 느낌은 때로 매우 강하게 일어나지만 느낌에는 감정이 일으키는 것과 같은 숨 막히는 성질이 없다. 강렬한 느낌은 그 속에서 헤엄칠 수 있는 냇물이다. 한곳에 정체되지 않고 흐른다면 다섯 가지 느낌 모두가 그렇다. 이때 느낌은 우리가 거기에 타고 갈 수 있는 힘, 또 어떤 때는 편히 머물 수 있는 힘이 된다. 이때 느낌은 우리가 특정 상황에서 자신과 대면할 수 있게 하는 친구이 자 동맹군이 된다.

그런데 '부정적인 느낌' 속에서 헤엄치는 건 많은 사람에게 처음 엔 상상하기 힘든 일이다. 물론, 강렬한 슬픔을 즐거운 경험으로 기 억하는 사람도 있고 분노의 불길이 온몸을 휘감아 세포 하나하나 에 활력을 일으키는 사람도 있다. 그러나 이것은 예외적인 경우다. 부정적 느낌을 '아름답게' 경험할 수 있다고 하면 대부분의 사람들 은 놀란다. 부정적 느낌을 좋게 경험하기 위해서는 전제조건이 필요 하다. 각각의 느낌에 따르는 신체감각을, 전에 한 번도 느껴본 적이 없는 것처럼 새롭게 느끼도록 자신에게 허용하는 것이 그것이다.

내가 어떤 느낌을 다루고 있나 살피기

이제 감정이 녹아 느낌이 되었는가? 또는 느낌이 자연스럽게 일 어났는가? 그렇다면 자신이 지금 어떤 느낌을 다루고 있는지 살펴 야 한다. 그래야만 그 느낌이 지금 상황에 도움이 되는지 아닌지 알 수 있다. 물론 느낌을 확인할 때 우리는 그것을 느낄 뿐 아니라 거기 에 이름을 붙이기도 한다. 그런 나머지, 느끼기도 전에 이름부터 붙 이는 오랜 습관에 빠지고는 한다. 이 점에 유의할 필요가 있다. 느낌

느낌은 어떻게 삶의 힘이 되는가

을 느끼지도 않고 거기에 이름 붙이는 것, 이것은 본 적도 없는 그림을 설명하는 것처럼 어처구니없는 일이다. 특정 느낌에 이름을 붙이기 전에 그 느낌의 힘이 어떻게 느껴지는지 먼저 살펴야 한다.

느낌의 힘에 이름을 붙일 때는 1부에 자세히 설명한 다섯 가지 힘을 참고해 큰 방향을 잡으면 좋다. 우리가 가진 '느낌말'은 매우 많지만 그중 느낌을 정확히 묘사하는 말은 그리 많지 않다. 많은 느낌말이 따져보면 분노, 슬픔, 두려움, 기쁨, 수치심의 다섯 가지 느낌 중 하나에 속한다. 다섯 가지 이외의 느낌말들은 모두 느낌 자체보다 느낌을 제대로 다루지 못하는 우리 자신을 보여준다. '행복해, 좋아, 만족해, 최고야' 같은 느낌말을 쓰기보다 그저 '기쁘다'고 하면 된다. 어떤 느낌말을 사용하는가는 중요하지 않지만 지금 자신이 어떤 느낌의 힘을 가리키고 있는지는 분명히 해야 한다. '공격적이다, 짜증난다, 괘씸하다' 같은 느낌말도 마찬가지다. 이런 표현들은 '분노'의 느낌에 속한다. '의기소침하다, 우울하다, 실망스럽다'는 느낌말은 '슬픔'이라는 느낌에 해당한다. 또 흔히 '걱정이 있다'거나 '걱정된다'고 말할 때 실은 '두려움'의 느낌이 일어나고 있는 것이다. 한편 '창피하다'는 느낌말 뒤에 잘 숨는 느낌이 있으니 바로 '수치심'이다. 물론 이것은 우리가 느낌에 이름을 붙이는 몇 가지 방식에 불과하다. 느낌에 이름을 붙일 때 다섯 가지 느낌 이외의 느낌말이 떠오른다면 분노, 슬픔, 두려움, 기쁨, 수치심의 다섯 가지 느낌을 기준으로 그것이 어디에 속하는지 확인해야 한다.

어떤 느낌말은 하나가 아니라 몇 가지 느낌을 뭉뚱그려 표현하기도 한다. 가령 '절망despair'이라는 느낌말에는 종종 두 가지 느낌이 합쳐 있다. des-pair라는 느낌말은 비유하자면 '우리를 반으로 갈라놓는다'(pair는 한 쌍, 접두사 des-는 분리·제거의 뜻이 있다-옮긴이). 절망이라는 느낌말에 담긴 느낌을 활용하려면 이 느낌말 뒤에 숨은 느낌에 이름을 붙이고 그것들이 다섯 느낌의 힘 중 어디에 속하는지 확인해야 한다. 물론 몇 가지 느낌을 동시에 느끼는 경우도 있지만, 어떤 느낌의 힘이 지금 상황에 대응하는지 알면 문제가 되지 않는다. 지금 다루고 있는 느낌의 힘이 한 가지든 여러 가지든 그것을 적절히 사용하려면 지금 상황에서 나의 욕구와 연결되어야 한다. 그러자면 우리가 내리는 해석을 통해 자신의 욕구를 지금 상황에 견주어보아야 한다.

느낌은 중립적인 힘이다. 우리 내면에 존재하는 느낌의 차원을 들여다보면 지금 어떤 느낌의 힘이 얼마나 강하게 일어나고 있는지, 느낌의 힘이 제대로 흐르고 있는지 알 수 있다. 그리고 지금 일어난 느낌의 힘이 자신이 내리고 있는 해석과 일치하는 느낌인지는 오직 생각을 통해서만 알 수 있다(11장 '느낌을 본래 목적과 다르게 사용하다' 참조). 또 이 상황에서 갖는 나의 욕구가 이 해석에 적합한 욕구인지는 지금 처한 상황을 통해서만 알 수 있다. 이처럼 나의 욕구와 있는 그대로의 상황이라는 두 가지 주제를 살펴야만 느낌에서 한발 나아가 살아 있는 힘으로서 느낌을 활용할 수 있다.

느낌 인지하기

다음번에 강한 느낌이 일어날 때 잠시 시간을 갖고 그 느낌에 정확한 이름을 붙여보자. 이때 다음 질문이 도움이 될 수 있다.

1. 이 느낌은 어떤 모습으로 일어나는가? 감정 형태로 일어나는가, 순수한 느낌의 모습으로 일어나는가, 아니면 가짜 신체감각의 모습으로 일어나는가?
2. 순수한 느낌으로 일어난다면 그것은 어떤 느낌인가?
3. 이것은 그 느낌의 그림자 표현인가 아니면 창조적이고 긍정적인 힘인가?
4. 내가 다루고 있는 느낌은 한 가지 느낌인가, 여러 가지 느낌인가?

느낌에서 살아 있는 힘으로

느낌을 활용 가능한 힘으로 바꾸려면 있는 그대로의 상태에 자리 잡은 채로 자신이 바라는 방향을 향해야 한다. 그런데 그림자로 드러난 느낌은 자신의 절대신념에 뿌리를 둔 것으로, 있는 그대로와 반대 방향으로 향한다. 이 느낌을 그림자 느낌shadow feeling이라고 부른다. 이것을 감정 나침반에 비유해보자. 절대신념을 지닌 느낌은 지금 내가 서 있는 곳을 부정한다. 그러나 우리는 지금 내가 어디에 있는지 알고 받아들이며, 지금 있는 곳에서부터 방향을 잡아 나가야 한다. 그럴 때에만 나침반은 우리에게 도움이 된다. 나침반은 내가 지금 어디에 있는지 알고 받아들이며 내가 어디에 가고 싶은지 알 때 도움이 된다. 반면, 그림자 느낌은 지금 내가 서 있는 곳을 인정하지 않으며 이곳이 아닌 다른 곳에 있어야 한다고 주장한다. 그 결과 그림자 느낌은 A에서 B로 가는 길을 스스로 가려고 하지 않는다. 이렇게 보면 그림자 느낌의 전략이 좀체 성공하지 못하는 것도 놀라운 일이 아니다.

느낌의 힘은

* 있는 그대로의 것에 뿌리를 둔다.
* 내가 바라는 쪽으로 향한다.

그림자 느낌은

* 절대신념에 뿌리를 둔다.
* 있는 그대로와 반대쪽을 향한다.

나의 느낌은 어디를 향하고 있는가

특정한 해석이 적절한가는 주어진 상황에서 나의 욕구가 무엇인가에 달려 있다. 즉, 특정 상황에서 나의 욕구가 무엇인가에 따라 특정 해석이 적절하기도 하고 부적절하기도 하다. 가령 나는 일부일처 관계를 지향하는 욕구를 지닌 반면, 나의 파트너는 자유연애 옹호

자라고 하자. 이때 내가 파트너의 연애관에 대해 '괜찮아'라고 해석한다면 그것은 지금 상황에서 나에게 부적절한 해석이다. 왜냐하면 괜찮은 척하며 거짓된 기쁨의 그림자에 빠져 있는 나를 발견할 것이기 때문이다. 만족스러운 관계를 유지하고 있다는 환상 속에 빠진 나를 볼 것이기 때문이다. 이보다 덜 극적인 예도 있다. 친구들이 나를 위해 깜짝 생일파티를 열었다고 하자. 그러나 사실 나는 파트너와 단둘이 보내는 로맨틱한 저녁을 기대하고 있었다. 힘든 하루 일과를 마치고 돌아온 나에게 깜짝 파티 소동은 부담스럽다. 있는 그대로의 상황과 나의 바람 사이에 간극이 생기고 말았다. 이에 대처하기 위해 나는 부정적 느낌의 힘을 필요로 한다. 이 간극을 받아들일지 바꿀지, 직면할지 돌아볼지는 다른 문제다. 중요한 것은 내가 지금 이 간극에 붙들려 있다는 사실이다. 친구들을 배려해 기쁜 척하며 이 간극이 없는 듯 행동한다면 나는 가식에 빠질 테고 그러면 생일파티는 엉망이 될 것이다.

이 상황에서 나의 욕구를 존중할 때 상황에 적합한 느낌의 힘을 선택할 수 있다. 위 상황에서 나에게는 조용하게 시간을 보내고 싶은 욕구가 있다. 또 나에게 좋은 것을 주려고 애쓴 친구들을 실망시키고 싶지 않은 욕구도 있다. 나의 이런 욕구에 방향을 맞출 때 느낌은 힘이 된다. '상황이 지금 같아서는 안 된다'고 주장하는 절대신념을 내려놓을 때 느낌은 힘으로 나타난다.

그림자 느낌은 자신의 욕구를 향하지 않는다. 처음에는 욕구를

느낌은 어떻게 삶의 힘이 되는가

향하는 것처럼 보여도 그림자 느낌은 오히려 있는 그대로와 반대 방향을 향하고 만다. 그림자 느낌 역시 진정한 느낌의 힘과 마찬가지로 상황이 지금과 다르기를 바라지만 그러한 바람에 책임을 지지 않는다. 그림자 느낌이 가진 바람은 결코 이길 수 없는 싸움이다. 있는 그대로의 현상은 단순히 그렇게 존재한다는 이유만으로 언제나 그림자 느낌의 바람을 이긴다. 이 과정에서 그림자 느낌은 나를 욕구에 향하게 하는 것이 아무것도 남지 않을 때까지 스스로를 지치게 만든다. 그림자 느낌의 이런 역동을 이해하려면 무엇이 느낌을 움직이는지 살펴야 한다.

무엇이 느낌을 움직이는가

절대신념을 다룬 13장에서 우리가 내리는 해석의 이면에 절대신념이 자리 잡으면 어떤 일이 일어나는지 이야기했다. 해석 뒤에 절대신념이 자리 잡고 있으면 느낌의 힘을 활용하지 못하고 느낌이 드리운 그림자 속에서 자신을 잃게 된다. 상황이 지금과 같아서는 안 된다고 말하는 절대신념을 지닌다면 현재 상황과 접촉할 수 없게 된다. 절대신념은 강력한 느낌의 공격을 일으키지만 그 공격은 있는 그대로의 상태와 연결되지 않아 아무 효과도 내지 못한다. 톱니바퀴가 서로 맞물리지 않은 상태에서 전속력으로 돌아가는 꼴이다. "친구들이 나를 위해 파티를 열어주려 노력하는 건 누가 봐도 좋은 일이야"라고 생각하며 절대적 기쁨을 끌어안을 때가 그렇다. 아니면 반대로 절대적인 거절을 택해 '부정적인' 힘을 활용할 때도 그렇다. 두 경우 모두 애당초 그 상황을 받아들이길 거부한다. 그 결과, 있는 그대로의 것과 연결되지 못한다.

그렇다면 느낌의 힘에 닿는 데 필요한 추동력은 무엇일까? 그것은 있는 그대로의 것과 마주하는 것이다. 있는 그대로의 것과 접촉할 때 느낌에 닻을 내릴 수 있다. 있는 그대로의 것과 접촉할 때 느끼는 고통이 느낌을 움직인다. 이 고통을 피하지 않을 때, 그러면서 자신의 욕구를 향할 때 고통은 더 이상 우리에게 상처를 주지 않는다. 이때 고통은 있는 그대로의 모습, 즉 순수한 에너지로서 자신을 드러낸다.

우리의 첫 번째 사례, 즉 카페에서 하염없이 나를 기다리게 한 친구의 사례를 다시 보자. 만약 내가 '이건 아니지. 모든 사람이 약속시간을 지켜야 해'라고 주장하는 절대신념에 붙들려 있는 한, 내 뜻대로 할 수 있는 건 각양각색의 그림자 느낌뿐이다. 이때 나는 복수를 꿈꾸는 파괴적인 생각에 빠질 수도 있고(분노), 우울한 기분에 휩싸일 수도 있다(슬픔). 아니면 온몸이 마비될 수도 있고(두려움) 자신을 갈기갈기 찢을 수도 있다(수치심). 이 각양각색의 느낌의 힘을 처리하면서 상황에 적절히 대처하려면 절대신념에서 물러나 나의 욕구에 다가가야 한다. 구체적으로는 카페에서 일어난 일을 받아들이는 데서 시작해 그 상황에서 나의 욕구가 무엇인지 파악해야 한다. 그러지 않으면 그 순간 얻을 수 없는 어떤 것을(이 경우 친구가 이미 약속 장소에 와 있기를) 바랄 것이다. 절대신념을 내려놓고, 있는 그대로의 실제 상황과 접촉하려면 먼저 그 상황으로 인해 일어난 고통을 느껴야 한다. 그래야만 다음 단계를 밟아 상황이 지금과 다르게 되길 바랄 수 있다. 그렇다고 상황을 바꾸려고 무던히 애를 써야 하는 건 아니다. 다만, 지금 상황을 있는 그대로 아는 분노의 힘을 일으켜야만 상황을 지금과 다르게 바꿀 수 있다는 의미다. 분노만이 아니라 다른 느낌의 힘도 마찬가지다.

때로 상황을 있는 그대로 알면 더 불편해지기도 한다. 이것은 바꿀 수 없는 상황만이 아니라 바꿀 수 있는 상황에도 해당된다. 상황을 바꿀 수 있다고 알아도 불편해지는 이유는 그 경우엔 실제로 상황을 바꾸어야 하기 때문이다. 물론 우리를 불쾌하게 하는 상황을 바꿀 수 없다는 사실을 깨닫는 건 더욱 불편할 수 있다.

그러나 있는 그대로의 자신을 평가하고 절대신념을 내려놓는다면 대개의 상황에서 생각보다 선택의 폭이 크다는 사실을 알 수 있다. 우리는 주어진 상황에서 어떤 해석을 내릴지 선택할 수 있다. 또 그렇게 내린 해석을 통해 어떤 느낌을 일으킬지, 그 상황에서 어떤 사람이 될지도 선택할 수 있다. 우리는 주어진 상황에 일정한 방식으로 대응함으로써 그 상황에 책임을 진다. 더 이상 자신을 불리한 상황에 속절없이 당하는 희생자로 두지 않아도 된다. 오히려 내가 가진 가능성의 틀 안에서 순간순간 적절히 대응하는 것이 지금 내가 해야 할 일임을 깨닫는다.

당신이 내리는 해석을 검토하라

느낌이 어느 방향을 향하고 있으며, 무엇이 느낌을 밀고 가는지 분명해졌는가? 그렇다면 이제 당신이 내리는 해석을 검토할 차례다. 당신이 내리는 해석이 지금 분명한 목적성을 갖고 있는지 확인해야 한다. 이때 정확하게 아는 것이 중요하다. 감정적으로 얽힌 상태에서는 자칫하면 모든 것을 일반화시키기 쉽다. 일반화를 통해 상황을 회피하면서 그것에 책임지지 않으려는 것이다. 어린아이처럼 머리끝까지 담요를 뒤집어쓴 채 "하기 싫어" 하며 투정을 부린다. 실제로 상황이 완전히 잘못되었거나 철저히 두렵거나 전적으로 슬픈 경우는 그리 많지 않다. 지금 상황에서 정확히 무엇이 안타까운 일인가? 무엇이 잘못된 일이며, 무엇이 무서운 일인가? 또 무엇이 잘된 일인가? 사소하고 미미한 상황에서 복잡한 느낌이 일어나기도 한다. 가령 친구들과의 저녁식사 자리에서 레드와인을 쏟았다고 하자. 이때 나는 흰 식탁보에 와인을 엎지른 행동을 잘못된 일로 볼 수도 있고(분노), 나의 부주의함을 잘못된 일로 볼 수도 있다(수치심). 아무튼 형편없는 와인이 아니라면 평소 와인 애호가인 나는 와인을 쏟은 일을 안타까워할 것이다(슬픔). 그런데 새 와인 병을 딸 수 있다는 데 생각이 미치면 기뻐할 이유도 있다. 새 와인은 틀림없이 더 맛이 있으리

★ 연습12 ★

절대신념을 내려놓고 나의 욕구 표현하기

1. 당신이 고집하는 절대신념 하나를 고른다(아직 자신이 지닌 절대신념을 알지 못한다면 연습4. 나의 절대신념 인지하기를 먼저 해본다).

2. 잠시 시간을 내어 그 절대신념과 연관된 상황을 충분히 떠올려본다.

3. 당신의 바람과 욕구를 명확히 표현한다. 착한 요정이 나타나 당신의 세 가지 소원을 들어주는 장면을 상상해도 좋다. 이 상황과 관련해 당신이 말하고 싶은 소원은 무엇인가?

4. 당신이 원하는 것과 있는 그대로의 것이 같지 않다는 사실에 의식적으로 알아차림을 가져간다. 이 간극이 기정사실임을 인정하고 이것이 일으키는 고통을 느껴본다. 이때 자신의 욕구를 알아보고 자신의 바람에 대해 알게 되는 것은 매우 기분 좋은 일임을 알게 될 수도 있다.

5. 그 상황을 있는 그대로 평가하려고 노력한다.

- 당신의 욕구를 충족하기 위해 무언가를 할 수 있는 가능성이 있는가? 당신은 지금 정확히 무엇을 잘못된 일로 해석하는가? 이 상황을 잘못된 일로 해석한다면 당신은 지금 무엇을 해야 하는가?

- 아니면 당신이 원하는 방식으로 되지 않는 상황을 받아들여야 하는가? 지금 당장은 상황을 바꿀 수 없다는 사실을 받아들여야 하는가? 그러면서 이 상황을 안타까운 일로 해석해야 하는가?

- 이 상황을 받아들일 수도 없고 바꿀 수도 없디면 끔찍한 일로 해석해야 하는가?

- 아니면 지금 당신이 해야 할 일은 당신의 잘못을 인정하는 것인가?

- 아니면 당신이 지닌 절대신념은 그 이면에 진짜 욕구가 존재하지 않는 그저 개념에 불과한가? 그렇다면 실은 모든 것이 지금 상황 그대로 괜찮은가?

6. 어떤 해석을 선택할 것인가는 당신이 결정할 문제다. 대응할지 말지도 당신의 마음에 달린 문제다. 책임을 진다는 것은 현실과 바람의 간격을 기정사실로 받아들이고 그것이 일으키는 고통을 느끼는 것이다. 책임을 진다는 건 괴로움이 끝났다는 의미이기도 하다. 왜냐하면 책임을 질 때 당신은 상황이 바뀌어야만 그에 대처하겠다는 고집을 내려놓을 수 있기 때문이다.

7. 당신이 보기에 위에서 가장 적절한 해석을 하나 선택한다. 그리고 실제 상황에 맞닥뜨렸을 때 당신이 선택한 해석과 그것이 일으키는 느낌의 힘을 의식적으로 실행시켜본다.

느낌은 어떻게 삶의 힘이 되는가

라(기쁨). 물론 나는 이집 여주인의 고급 다마스크 식탁보에 쏟은 와인을 지우기는 아무래도 어렵다고 걱정할 수도 있다(두려움). 이 모든 느낌이 연달아, 아니면 동시에 일어날 수 있다. 각각의 느낌이 가진 힘은 내가 이 상황에 대처하는 데 도움을 준다. 예컨대 분노는 얼른 행주를 가져오게 하고, 수치심은 나의 행동을 돌아보게 한다. 슬픔은 와인을 쏟은 사실을 받아들이게 하고, 두려움은 내가 처한 불확실한 상황에 직면하고 그것을 다루게 할 것이다.

사람을 대할 때는 무엇이 나를 불편하게 하는지 정확히 관찰할 필요가 있다. 한 사람의 모든 것이 잘못되었다고 말하는 것은 그와의 관계를 회피하는 방법일 뿐이다.

우리가 다뤄야 할 문제는 이것이다. 내가 지금 내리고 있는 해석은 정확히 무엇에 관한 것인가? 나는 지금 상황의 어떤 부분이 잘못되었다고(분노), 안타깝다고(슬픔), 무섭다고(두려움), 잘되었다고(기쁨) 보는가? 나 스스로는 무엇을 잘못했다고 보는가?(수치심) 느낌을 의식적으로 일으킬수록 이 질문에 답하기가 수월해진다. 그리고 이 질문에 정확하게 답할수록 지금 내가 내리는 해석이 적절한지 아닌지 정확히 평가할 수 있다. 지금부터는 각각의 느낌이 어떤 힘을 가졌는지 살펴본다. 그리고 나의 욕구를 살피는 일이 어떻게 나에게 도움을 주는지 보인다. 그리고 이 과정에서 느낌이 어떻게 우리를 앞으로 나아가게 하는 힘이 되는지 알아본다.

분노의 힘이 묻는 것
'나는 무엇을 원하는가'

식탁보에 와인을 엎은 사례를 다시 보자. 와인을 식탁에 엎지른 상황을 '잘못된 일'로 해석한 결과로 내가 분노를 일으킨다고 하자. 이 순간 나는 '와인 잔은 넘어져서는 안 된다'는 절대신념에 빠져 아이처럼 화를 낼 수도 있고, 나의 욕구(이 경우엔 더럽히지 않은 깨끗한 식탁보)에 초점을 맞춰 분노가 지닌 순수한 힘을 품어 안을 수도 있다. 나의 욕구에 초점을 맞출 때 감정 나침반은 일정한 방향을 잡는다. 그러면 내가 일으킨 분노의 힘을 적절한 행동에 효과적으로 연결시킬 것이다. 이윽고 나는 테이블매트의 냅킨을 쥐거나 행주를 가지러 부엌으로 달려갈 것이다. 그렇다고 식탁보가 다시 깨끗해지지는 않지만 적어도 더 이상의 피해는 일어나지 않는다.

2부에서 인용한, 밤늦게 집수리를 하는 이웃의 사례도 마찬가지다. 우선은 내가 중요하게 여기는 욕구(나의 평화와 고요)에 초점을 맞춘다. 그러면 내면의 방향성이 생겨나 느낌이 가진 힘(이 경우엔 분노의 힘)을 일정한 방향으로 안내할 수 있다. 그러면 분노에 휩쓸릴 일도 없다.

분노 외의 다른 느낌의 힘도 마찬가지일까? 그 느낌들도 자신의 욕구와 연결하면 힘으로 바뀔 수 있을까? 언뜻 보면 오직 분노의 느낌만이 우리에게 분명한 방향성을 요구해 개인적으로 어떤 일을 '잘된 일, 잘못된 일'로 규정하는 느낌처럼 보인다. 그러나 분명해 보이지 않아도 다른 느낌의 힘 역시 자신의 욕구와 연결할 때 일정한 방향성을 지닐 수 있다.

슬픔의 힘이 묻는 것
'나는 무엇을 바라는가'

슬픔은 있는 그대로를 알아보고 자신의 욕구와 바람을 인정할 때 강력한 힘을 지닌다. 슬픔은 있는 그대로의 것과 자신이 원하는 것의 대립을 극복하게 한다. 슬픔의 힘은 우리에게 이렇게 말한다. "나의 소원이 잘못된 것도 아니고, 현실이 잘못된 것도 아니야. 지금으로서는 둘이 어울리지 않을 뿐이야." 이 관점에서 레드와인을 엎지른 앞의 상황을 다시 보자. 와인을 마시고 싶었던 나는 와인을 쏟은 일이 무척 안타까웠다. 이때 '와인이 남아 있어야 한다'는 절대 신념이 부추기면 이내 나는 유치한 슬픔에 휩싸일 것이다. 이때 우리 내면에서 속닥거리는 독백은 극적이며 심지어 운명론적인 성격을 띤다. "논리적으로 왜 사빈의 잔이 아니라 하필 내 잔이 엎어졌냐고! 내가 특별한 일을 기대할 때마다 이런 일이 생긴다니까! 내가 최고의 와인을 마실 자격이 있다고 여기는 이유는 또 뭐람?" 이러면서 자기연민과 우울에 빠진다.

특별히 해롭지 않은 와인의 사례에서 내면의 혼잣말을 지껄이는 것은 재미있을지 모른다. 그리고 이런 내면의 혼잣말은 다소 과장스럽다. 그런데 엎지른 와인이 아니라 실연의 아픔이나 사랑하는 이의 죽음이라면 어떨까. 이때 문제는 완전히 달라진다. "그녀는 어차피 날 떠날 거야. 내가 아니라 로버트라면 이런 일은 절대 일어나지 않았을 테지! 내가 행복할 때마다 꼭 이런 일이 일어난다니까! 도대체 어떻게 내가 그토록 멋진 여자와 사귈 자격이 있다고 생각하는 거지?"

그러나 우리 앞에 놓인 문제가 엎지른 와인잔이든 잃어버린 사랑이든 자신의 욕구와 연결한다면 이때 일어나는 슬픔은 우리에게 힘이 된다. '나는 무엇을 바랐던 걸까? 와인을 마시면 나의 어떤 욕구가 충족될까? 그 사람과 사귀면 나의 어떤 욕구가 충족될까?' 이런 질문을 자신에게 던져 욕구와 연결할 때 자신의 욕구를 존중하는 동시에 지금 상황을 있는 그대로 알아보고 받아들일 수 있다. 이때 우리의 욕구는 살아 있는 무엇이 된다. 이제 나는 새 와인 병을 따서 마신다. 와인 맛이 아주 좋을 것이다. 내 삶에 새로운 여인이 나타난다. 그녀는 전 여자친구에게서 내가 소중히 여겼던 장점을 지녔을 것이다.

두려움의 힘이 묻는 것
'나는 무엇을 갈망하는가'

두려움도 마찬가지다. 나의 욕구와 바람은 두려움의 힘을 활용하는 데 중요한 기준점이 된다. 와인잔의 사례에서 느낀 두려움은 엎지른 와인으로 여주인이 아끼는 다마스크 식탁보는 물론 그녀와의 관계도 망쳐놓을지 모른다는 두려움이다. 와인을 엎지른 사실은 바꿀 수 없다. 여주인이 어떻게 나올지도 알 수 없다. 그리고 그녀가 우리의 관계를 얼마나 중요하게 여기는지 나는 알지 못한다. 그러나 이전에 이런 상황을 겪어본 적이 없어도 두려움의 힘은 내가 이 상황에 적절히 대처하도록 돕는다. 여기서도 느낌에 일정한 방향성을 주는 것은 나의 바람과 욕구이다(이 경우엔 여주인과 좋은 관계를 유지하려는 소망이다). 만약 내가 일으키는 두려움에 이런 방향성이 없다면 나는 나를 마비시키는 두려움의 그림자에 굴복해 적절한 방식으로 상황에 대처하지 못할 것이다. 느낌에 일정한 방향성이 생길 때 두려움이 가진 창조적인 힘을 받아들여 모든 가능성에 열릴 수 있다. 예컨대 여주인에게 사과할 수도 있고, 식탁보를 새로 사줄 수도 있다. 아니면 세탁소에 세탁을 맡길 수도 있고, 어떻게 하면 좋을지 여주인에게 물어볼 수도 있다. 나는 이 선택들 가운데 어느 것도 그녀와의 관계를 개선하거나 식탁보를 원래대로 돌리지 못할 가능성을 충분히 염두에 두면서 이 모든 일을 할 것이다.

여기서도 식탁보처럼 사소한 차원에서 일어나는 두려움은 다소 과장된 느낌이라고 여길지 모른다. 그러나 이 예를 보다 극적인 상황에 대입하더라도 기본적인 역동은 다르지 않다. 우리 앞에 놓인 문제가 여주인이 소중히 간직하는 식탁보에 쏟은 와인이 아니라 절친의 남편과 잠자리를 가진 일이라면 어떨까? 친구가 출장으로 집을 비운 사이 나는 시끌벅적한 파티가 끝난 뒤 친구의 남편과 잠자리를 가졌다. 두려움의 크기가 훨씬 크다는 점만 다를 뿐, 친구를 만날 때 느끼는 두려움은 와인을 엎지른 경우와 다르지 않다. 나는 친구와의 관계를 회복하고 싶지만 이것이 가능한지 알 수 없는 불확실성에 맞닥뜨렸다. 이때 나의 욕구와 계속해서 접촉한다면 내가 힘으로 활용할 수 있는 두려움에 다가갈 수 있다. 힘으로서의 두려움은 내가 알지 못하는 영역으로 나를 데려갈 것이고 두려움이 지닌 창조적인 힘을 내게 가장 중요한 일에 쏟게 할 것이다.

기쁨의 힘이 묻는 것
'나는 무엇을 축하하고 싶은가'

기쁨은 나의 가슴이 바라는 바와 연결될 때 힘으로 드러난다. 내가 자유연애의 이상을 맹세했다고 해서 애인이 다른 여자와 사랑에 빠진 일을 '좋은 일', '옳은 일'로 인정해야 할까? 나의 애인이 다른 여자와 사랑에 빠졌을 때 일어나는 기쁨은 그것이 나의 진정한 욕구와 바람일 때에만 힘으로 승화한다. 파트너와 단 둘이 나누는 친밀함이 실제 나의 욕구라면 내가 느끼는 질투와 아픔, 분노와 슬픔에다 "괜찮아, 뭐 어때!"라는 해석으로 기쁨의 층을 덧대는 것으로는 되지 않는다.

나는 엄마로서 아이들이 창조적인 잠재력을 펴도록 도와줘야 한다고 생각한다(나의 첫 번째 욕구). 그런데 그런 이유로 아들의 밴드가 우리 집 거실에서 연습하는 것을 무조건 반겨야 할까? 이 경우도 마찬가지다. 나는 실은 평화와 고요를 바라고 있다(나의 두 번째 욕구). 첫 번째 욕구, 즉 아들에게 연습 장소를 마련해주고 싶은 욕구를 진정으로 느낄 때 기쁨은 힘으로 바뀐다. 그리고 이 욕구가 평화와 고요를 바라는 나의 욕구보다 클 때에만 내가 느끼는 기쁨은 힘이 된다.

수치심의 힘이 묻는 것
'나는 어떤 사람이고 싶은가'

마지막으로, 수치심을 보자. 수치심 또한 자신의 욕구와 연결될 때에만 힘이 된다. 와인을 엎지른 앞의 사례와, 친한 친구를 속이고 바람을 피운 사례를 다시 보자. 이때 '절대로 그래서는 안 된다'는 절대신념을 고수한다면 나는 수치심의 그림자에 빠져 자신을 비난하는 데 엄청난 힘을 쏟을 것이다. 그러면 건강하게 나 자신을 돌아보기 어려울 것이다. 나의 욕구와 연결할 때에만 내가 느끼는 느낌에 방향성이 생긴다. 여주인과 좋은 관계를 맺고 싶은 나의 욕구에 집중해야 한다. 친구와의 좋았던 관계를 회복하고 싶은 나의 욕구에 머물러야 한다. 그렇게 할 때 느낌에 방향성이 생긴다.

수치심이 가진 힘으로 나는 나의 행동이 그들과의 관계를 어떻게 망쳐놓았는지 돌아볼 것이다. 그렇게 해서 앞으로는 더 의식적으로 행동할 것이다. 흥분했을 땐 식탁에서 더 조심히 행동할 것이고, 멋진 남자들과 술을 마시며 어울릴 땐 더 유의할 것이다. 물론 이 두 사례는 내가 그 상황에서 배울 수 있는 교훈 중 일부를 예시한 것에 불과하다.

한걸음 나아가 수치심의 힘은 나의 행동에 책임을 지고 그것을 솔직히 인정하게 한다. 절대신념에 빠지지 않은 상태에서 수치심을 느낄 때 나는 내가 어떤 사람이고 싶은지 스스로 질문한다. 이 질문에 답한 뒤에야 나의 어떤 부분이 '옳다, 그르다, 안타깝다, 무섭다'고 여기는지 합리적으로 판단할 수 있다. 수치심이 힘으로 승화할 때 그것은 나의 관점을 가질 자유를 허락한다. "나는 어떻게 해야 옳은 사람이 되나?"라고 묻는 대신, 다음처럼 더 설득력 있는 질문을 던진다. "나는 어떤 사람이고 싶은가? 그에 따라 내가 옳다고 여기는 것은 무엇인가?" 다양한 해석의 여지가 존재하는 오늘날에 이 질문에 답하기는 그리 쉽지 않다. 받아들일 수 있다고 여기는 것을 규정하는 틀이 오늘만큼 넓었던 적이 없었다. 우리는 우리가 어떻게 되어야 한다고 말하는 보편타당한 규칙 뒤에 더 이상 숨기 어렵다. 그런 규칙은 더 이상 존재하지 않는다. 그럼에도 우리는 그 규칙을 찾는 데 아직도 길들여져 있다. 누구나 자신의 십대 시절을 기억할 것이다. 그때 우리는 어떻게든 주변에 적응하려고 애썼다. 지금도 많

느낌은 어떻게 삶의 힘이 되는가

은 사람이 사회에 적응하려는 노력을 멈추지 않는다. 적응의 본능은 수천 년간 인간이 생존하는 데 중요한 역할을 했다. 실제로 우리의 생존은 적응하느냐 못하느냐에 달려 있었다. 그러나 이제 우리 사회가 개인의 자유로운 발전을 존중한다는 사실은 완전히 새로운 선택의 자유를 가져다주었다. "나는 어떤 사람이고 싶은가"라는 질문에 정직하고 책임감 있게 답할 때 우리는 수치심을 힘으로 활용할 수 있다.

앞의 예에 대입하자면 친구의 남편과 잠자리를 가진 일이 절대적으로 잘못된 이유는 '그런 행동은 절대 해서는 안 된다'는 생각 때문이어서는 안 된다는 의미다. 요즘은 마음 내키는 대로 행동해도 상관없다고 생각하는 사람들이 있다. '나는 어떤 사람이고 싶은가, 나에게 중요한 것은 무엇인가'라는 질문에 답할 때라야 그 행동이 옳은지 그른지 판단할 수 있다. 나의 행동이 친구의 느낌에 상처를 준다면, 그리고 그런 일이 일어나지 않는 것이 내가 중시하는 가치라면 그 행동은 나 개인적으로 볼 때 잘못된 행동이다. 나는 '친구의 느낌에 상처를 입히는 사람'이 되고 싶지 않기 때문이다.

이 점을 분명히 하기 위해 2부에 소개한 번아웃(소진)의 사례를 다시 보자. '나는 어떤 사람이고 싶은가, 나에게 중요한 가치는 무엇인가'라는 질문은 번아웃을 다루고 치유하는 데도 중요하다. 번아웃의 치유는 자신의 삶을 깊이 돌아보며 자신에게 정말 중요한 것이 무엇인가 묻는 데서 시작한다. 자신을 돌아보고 스스로에게 질문하는 과정에서 내가 택한 직업과 삶의 리듬이 실은 나와 맞지 않는다는 사실이 드러날 수도 있다. 또 사회가 정한 기준을 충족하라는 허구적 강요에 굴복한 사실이 드러날 때도 있다. 이처럼 자기 내면에서 사회의 강요로부터 벗어나는 것이 중요하다. '좋은 사람'이 된다는 것에 관하여 온전히 자기다운 해석을 내리는 것이야말로 번아웃 치료에서 가장 중요한 부분이다. 사회의 강요에서 벗어나 자기다운 해석을 내린다면 '실패'가 반드시 잘못된 일이 아님을 알게 된다. 어쩌면 실패는 내 것이 아닌데도 지금껏 맹목적으로 받아들여온 기준을 거부하는 건강한 표현일 수 있다. 이것이 수치심의 힘이 우리에게 주는 선물이다.

지금까지, 있는 그대로의 것과 접촉하고 나에게 중요한 가치에 초점을 둘 때 각각의 느낌이 어떻게 우리가 활용할 수 있는 힘이 되는지 살펴보았다. 출발점이 분명해졌다면 이제 다시 느낌으로 주의를 향할 때가 되었다.

느낌과 친구 되기

각각의 느낌이 가진 힘은 우리 신체 시스템에서 특정한 감각과 연결되어 있다. 특정 느낌에 문제가 생기면 우리는 대개 이 느낌과 연결되어 있는 감각을 어떻게든 피하려고 한다. 그러나 활용 가능한 힘으로서의 느낌에 다가가려면 느낌과 접촉할 때 일어나는 두려움을 극복해야 한다. 상처가 두려워 칼을 쥐지 못한다면 칼을 들고 앞장서 나가기 어렵다.

느낌과 친구가 되는 방법은 각각의 느낌에 대응하는 감각에 익숙해지는 것이다. 느낌이 우리 내면에서 일어나는 동안 머릿속 생각과 회피 전략에 가 있던 주의를 다시 감각으로 향해야 한다. 감각으로 주의를 향할 때에만 느낌이 가진 힘과 만날 수 있다. 이렇게 하면 모든 느낌이 저마다 다르게 느껴진다는 사실을 알 수 있다. 또 모든 느낌이 그것의 고유한 감각과 연결되어 있음을 알게 된다. 지금 일어나는 감각을 있는 그대로 지각할수록 그것은 단지 감각일 뿐임을 알게 된다. 이 부위에선 압박감이, 저 부위에선 온기가 느껴진다. 아무 감각이 느껴지지 않는 부위도 있다. 이것이 전부다. 이제 우리는 이 감각들 뒤에 사용할 수 있는 힘이 존재하고 있다는 사실을 깨닫는다. 감각은 지금 이 순간에 특정 에너지가 우리의 신체 시스템을 돌고 있음을 알려주는 신호다. 이 감각을 느낄 때 느낌이 가진 힘과 만날 수 있다.

내면에서 지각하는 느낌의 힘은 사람마다 다르다. 그럼에도 나는 이 책에서 느낌이 가진 힘이 나의 경우에 어떻게 일어나는지 그 과정을 다섯 가지 느낌으로 간략하게 설명했다. 이로써 독자 여러분이 느끼는 개별적인 느낌의 힘과 그것의 본질을 밝히는 데 도움이 되기를 바란다.

분노

분노가 일어나 몸속을 흐를 때
그것은 뜨거운 파도처럼 내 몸을 뚫고 지나간다.
내 몸의 한가운데 선명한 선이 그어짐을 느낀다.
마치 칼처럼
분노의 칼은 나의 중심을 잡아주고 이 힘에 명료함을 준다.
분노의 힘은 의심도 망설임도 알지 못한다.
분노의 힘은 나를 통해 불처럼 맥박 치며
자신의 목표에 도달한다.
빠르고 정확하게 그리고 애씀 없이
분노의 힘은 자신이 무엇을 원하는지 알고 있다.
분노의 힘이 어떤 경로를 통하는지는 중요하지 않다.
그것은 실행된다.
분노의 힘은 우유부단함을 모른다.
분노의 힘이 지닌 방향성은 절대적이다.
이 힘이 곧 나이다.

느낌은 어떻게 삶의 힘이 되는가

슬픔

슬픔은 침묵의 공간이다.

그것은 내 안에서 점점 커지고 있다.

모든 것이 내려앉고 무거워지고 고요해진다.

내 안의 물결이 가라앉고 물이 잔잔해진다.

숨 쉴 수 있는 드넓은 공간이 펼쳐진다.

나는 있는 그대로 본다.

아쉬워하고, 후회한다.

그 순간, 내 안에서 무언가가 사랑으로 녹아드는 것을 본다.

나는 감사한다.

있는 그대로의 것에 감사한다.

지금 펼쳐진 광대함 속에서

모든 것이 완벽함을 알기에.

나는 곧 사랑이다.

두려움

내 몸 전체가 마비된다.
숨이 막힌다.
무언가가 떨린다.
내면에서인지 외부에서인지 모른다.
내 몸이 수축한다.
마치 블랙홀처럼
중심을 향해 수축한다.
내 위에, 내 안에 온통 검은색이다.
경계가 허물어진다.
그것은 내가 빠져든 미지의 세계
내 안에 있는 불가사의의 심장
이 어둠의 중심 한가운데서 갑자기 광대함이
따끔거림과 흥분, 무언가 새로운 것이 일어나고 있다
나는 그것을 느낀다.
나는 녹아 새로 만들어진다.
내가 알지 못하는 것이 여기 있다.

느낌은 어떻게 삶의 힘이 되는가

기쁨

기쁨은 나의 중심을 뚫고 솟아오른다.

뱃속 밝은 빛의 근원에서 나오는 것처럼

반짝거리고 킥킥대며

나를 간질인다.

나의 내부를 관통하며

웃음이 터진다.

공기방울처럼

세상은 활짝 웃고 있다, 꼭 나처럼

있는 그대로의 것, 그것은 아름답다.

내 발은 뛰어오르고 춤추고 싶어 하고

내 배는 재주넘기하고 싶어 한다.

나는 즐겁다.

나는 날고 있다.

수치심

나는 완전히 녹아내리고 있다.
내 안의 구멍이 커지는 동안
얼굴이 뜨거워지고 있다.
나는 사라져간다.
열기, 사라짐, 무기력함, 녹아내림.
따끔거린다.
흠이 있는 나의 모든 곳을 느낀다.
내가 얼마나 작은지 안다.
나는 존재하지 않는다.
나는 가볍다.
가식과 오류, 오만함
완벽함의 요구로부터 자유롭다.
내 숨은 다시 한 번 자유롭고
뱃속에 난 구멍과 함께
나는 겸손해진다.

느낌은 어떻게 삶의 힘이 되는가

느낌의 힘이 나타나도록 허용하기

특정 상황에서 스스로 느낌을 느끼도록 허용할 때 그 느낌이 가진 힘이 나타난다. 느낌이 가진 힘은 우리가 무엇을 해야 하는지 알려 준다. 참을성을 갖고 그 힘을 느끼면서 그것이 펼쳐지도록 허용한다면 그 힘으로부터 해결책이 나온다. 억눌린 것이 풀리고, 혼란스러웠던 것이 정리된다. 미지의 것이 열리고 자신의 불완전함을 인정할 수 있다. 이 힘은 나의 외면에서 언제 무엇을 해야 하는지 안다. 뿐만 아니라 정리하고 풀어주고 창조하고 힘을 일으키는 내면 작업을 언제 해야 하는지도 알고 있다.

예컨대 분노의 힘이 일어났을 때 우리는 소리를 지르거나 폭력적으로 행동하지 않아도 좋다. 우리 내면의 분노의 힘에 닿는다는 단순한 사실만으로 삶이 변화된다. 이때 분노의 힘은 우리가 갖고 있지만 반드시 사용하지 않아도 좋은 칼sword과 같다. 분노의 힘에 닿는 것만으로 우리의 말words은 그 힘에 닿지 않았을 때와는 다른 권위와 명료함을 갖는다.

다른 느낌의 힘도 마찬가지다. 진정한 슬픔의 힘은 우리를 사랑과 감사와 받아들임으로 가득 채운다. 힘으로 드러난 두려움은 우리 앞에 펼쳐진 미지의 영역으로 우리를 데려간다. 우리가 맞닥뜨린, 해결하기 어려워 보이는 문제의 해결책이 존재하는 공간으로 우리를 데려간다. 그뿐인가. 수치심은 겸손의 마음을 일으켜 자신의 약점을 받아들이는 동시에 있는 그대로의 것에 책임지게 한다. 마지막으로 기쁨은 우리에게 빛을 선사한다. 그 빛으로 우리는 주변사람들에게 매력적으로 보일 수 있고 자연스러운 권위를 갖게 된다.

우리 삶에서 각각의 느낌이 자연스럽게 자기 역할을 다하는 것을 경험하면 이런 식으로 느낌을 다루는 방식이 제2의 천성이 된다. 그럴 때 각각의 느낌이 가진 힘이 매순간 어떻게 우리를 풍요롭게 하고 우리에게 도움을 주는지 알 수 있다.

길이 곧 목적지다

감정적 자기치유의 길과 감정 역량의 발달로 향하는 길에 놓인 커다란 덫이 있다. 자신에게 일어나는 느낌을 느끼지 않은 채 문제를 해결하려는 시도가 그것이다. 당신이 느끼는 느낌은 골칫거리가 아니다. 당신의 감정도, 생물학적 프로그램도, 신체 시스템의 통증도 해결해야 하는 '문제'가 아니다. 삶은 우리가 그것을 '문제'로 만들지 않는 한 문제가 아니다. 모든 느낌과 감정, 고통과 불균형은 그것을 '옳다', '틀렸다'고 보는 당신의 생각과 무관하게 그저 존재할 뿐이다. 당신에게는 그것들이 모두 필요하다. 그것 모두가 당신이라는 사람을 이루는 일부이다.

느낌을 탐구한다는 것은 미리 정한 목적지에 도착하는 데 덜 관심을 갖고, 그곳에 이르는 과정을 더 즐기는 여정이다. 자신의 느낌을 살핀다는 것은 내가 바라는 대로 상상하는 것이 아니라 있는 그대로의 것과 함께하는 것이다. 자신의 모든 느낌과 하나 된, 완벽히 치유된 사람이라는 이상은 멋진 이미지이지만 자신의 느낌을 살피는 데는 큰 도움이 되지 않는다. 지나치게 이상화된 이미지는 오히려 나와 주변사람이 어떻게 되어야 한다는 절대신념을 강화시킬 수 있다. 절대신념은 문제를 악화시킬 뿐이다.

감정 치유로 향하는 길에서 당신이 맞닥뜨리는 문제를 '문제'로 여기면 이 길을 걸을 수 없다. 당신은 이 길을 '길'로 알아보는 것조차 거부할 것이다. 당신은 이렇게 말할 것이다. "이건 길이 아니야. 산이라고. 산은 길이 아니라 장애물이지. 걸으려면 길이 필요해. 아니면 나를 산 위로 데려다줄 헬리콥터라도 주던지. 여기 산이 있으면 안 되는 거야."

물론 당신은 내면에서 당신을 가로막고 있는 산과 맞닥뜨릴 것이다. 그 산은 당신이 지금껏 쌓아놓았기 때문에 거기 서 있을 뿐이다. 그 산들 안에 당신의 일부가 있다. 그러나 그 산들을 통과하는 여정에서 당신은 잃어버렸다고 생각한 자신의 일부와 다시 만날 것이다. 그리고 산의 봉우리에 오르면 지금껏 도저히 불가능하다고 생각했던 명료함을 발견할 것이다.

느낌은 골칫거리가 아니다. 당신도 골칫거리가 아니다. 당신이 느끼는 느낌은 언제나 다음 걸음을 내딛기 위한 목적이다. 있는 그대

느낌은 어떻게 삶의 힘이 되는가

로 느끼고, 있는 그대로 알아차리면 된다. 들이쉬고 내쉬는 숨마다,
내딛는 걸음마다…

부록

- 당신이 느끼는 모든 것이 느낌은 아니다
- 생물학적 프로그램
- 마음의 능력 또는 의식 상태
- 감정 체크리스트
- 연습 찾아보기
- 용어 해설
- 참고문헌
- 감정 나침반

당신이 느끼는 모든 것이
느낌은 아니다

이 책은 사회적 힘으로서의 느낌을 지혜롭게 사용하는 다양한 지침을 담았다. 느낌의 본래 목적은 우리가 인간관계를 맺고 살아가는 데 도움을 주는 것이다. 그런데 우리가 흔히 '느낌'이라는 단어로 표현하는 수많은 감각 중에는 느낌이 힘으로 승화하는 데 필요한 기준을 충족하지 못하는 것들도 있다.

사회적 힘으로서의 느낌과 감정에 대해서는 앞에서 상세히 다루었다. 또 신체감각에 대해서도 우리가 느끼는 느낌과 관련하여 살펴보았다. 한편 생물학적 프로그램과 마음의 능력 또는 의식 상태에 대해서는 아직 자세히 살피지 않았다.

이 책에서 사회적 힘으로서의 느낌에 의식적으로 초점을 맞춘 이유는 이렇게 할 때 느낌과 관련하여 많은 것을 배우고 탐구할 수 있기 때문이다. 한편, 생물학적 프로그램과 마음의 능력을 다루는 방법에 관해서도 책 한 권을 쓸 수 있지만 이 주제를 모두 포괄하는 것은 이 책의 범위를 벗어난다. 다만, 여기에 몇 페이지 정도는 할애하고 싶다. 생물학적 프로그램과 마음의 능력이라는 두 가지 주제와 관련한 혼란이 순수한 느낌을 이해하는 데 영향을 주기 때문이다.

'들어가며'에서 구분한 다섯 가지 감각 유형

1. 신체감각
2. 생물학적 프로그램
3. 순수한 느낌(사회적 힘으로서의 느낌)
4. 감정
5. 마음의 능력 또는 의식 상태

생물학적 프로그램

생물학적 프로그램은 인간 종種으로서 우리의 생존을 보장하는 목적을 지닌 감각 그룹을 가리키는 단어다. '본능'이라고도 하는 생물학적 프로그램은 우리 내면에 강한 감각을 일으킨다. 이 감각은 종종 특정한 느낌과 감정보다 세기가 훨씬 강하다. 생물학적 프로그램이라는 감각은 우리 안의 동물적 본성이 지시하는 바를 그대로 따른다. 이 동물적 본성은 우리가 사회적, 도덕적, 윤리적으로 적절하다고 여기는 기준과 자주 갈등을 일으킨다. 프로이트는 우리 내면의 이 부분을 간단히 이드id라고 이름 붙였다(It(그것)을 뜻하는 독일어 das Es에서 온 라틴어). '그것'이라고 이름 붙인 이유는 우리가 대개 자신을 동물적 본성과 동일시하는 경향이나 욕망을 갖고 있지 않다는 것을 보이기 위해서였다. 느낌이 우리에게 나쁜 평판을 얻은 이유도 그것이 생물학적 프로그램과 분명히 구분되지 않기 때문이다. 느

느낌은 어떻게 삶의 힘이 되는가

낌과 생물학적 프로그램을 구분해 이 둘을 서로 다르게 다룰 필요가 있다.

무엇이 생물학적 프로그램을 촉발하는가

순수한 느낌과 달리, 생물학적 프로그램은 해석이 아니라 대개 무의식적으로 처리되는 자극에 의해 일어난다. 종종 우리는 몸이 흥분한 상태가 되어야 비로소 자신이 질투와 열애(사랑에 빠짐), 혐오 등의 생물학적 프로그램에 이해가 안 될 만큼 휘둘리고 있었음을 알아챈다.

물론, 생물학적 프로그램이 일어날 때 종종 분노와 기쁨의 느낌도 함께 일어난다. 그러나 자세히 보면 이런 느낌들 역시 다른 느낌과 마찬가지로 거기에 따르는 해석에 의해 일어난다. 예를 들어, 사랑에 빠져 있는 사람은 거의 대부분 사랑에 빠진 일을 '잘된 일'로 해석하며 따라서 자신이 행복하다고 여긴다. 마찬가지로, 질투는 흔히 '잘못된 일'로 해석되며 그 결과로 분노가 일어난다. 우리가 내리는 해석은 연애 상대를 향할 수도 있고, 질투의 대상을 향할 수도 있다. 만약 질투의 충동을 이겨내야 한다고 느낀다면 그 해석은 자기 자신을 향하기도 한다. 행복이나 질투 같은 느낌이 생물학적 프로그램의 일부는 아니지만 생물학적 프로그램은 우리가 그런 느낌들을 적절히 다루는 데 방해가 될 수 있다. 우리는 느낌, 감정, 생물학적

프로그램이라는 감각이 서로 밀쳐내는, 마구 뒤섞인 거친 혼합물에
사로잡혀 있는 자신을 발견한다.

생물학적 프로그램의 예

시기, 질투, 탐욕, 혐오, 성적 욕망, 사랑에 빠짐, 배고픔과 목마름,
회피 본능(생물학적 두려움), 싸움 본능(생물학적 분노), 경쟁하는
느낌, 모성애

오래된 이야기

우리가 지닌 생물학적 프로그램은 3백만 년 넘게 이어온 발달 과
정에서 생겼다. 그러나 지난 백 년간 우리 사회가 급속히 변화하면
서 자연에서 멀어졌다는 사실을 감안하면 우리가 지닌 다양한 생물
학적 프로그램이 오늘날 어색하고 부적절해 보이는 것도 그리 이상
하지 않다. 질투를 살인 동기로 삼고 번식욕을 강간 충동의 명분으
로 내세우는 것은 자기 방어를 구실로 우리의 타고난 공격성을 제멋
대로 날뛰게 버려두는 것만큼이나 부적절하다. 그렇지만 강렬한 생
물학적 프로그램이 없었다면 (진화적 관점에서 보면 아주 최근인) 석기
시대에 인간 종은 살아남지 못했을 것이다.

오래된 전략

특정한 생물학적 프로그램이 우리 안에 작동하고 있다는 사실을 알면 이것이 반드시 문제가 될 필요는 없다. 우리가 애초에 이런 프로그램을 갖게 된 이유가 살아남고 번식하기 위한 것이기 때문이다. 우리는 특정 상황에서 특정한 생물학적 프로그램이 적절하지 않음을 알아챌 때 곤란함을 겪는다.

질투는 우리 주변에서 흔히 보는 예다. 많은 사람이 자기 연인이 매력적인 이성과 대화하는 걸 보면 강렬한 질투를 일으킨다. 매력적인 이성이 나의 연인 관계를 위협하지 않는다는 걸 머리로 알더라도 질투는 일어난다. 그러나 안타깝게도 그런 앎은 조금도 쓸모가 없다. 질투는 해석이 아니라 자극에 의해 직접 일어나기 때문이다. 매력적인 이성과 이야기를 나누는 연인의 이미지는 어떠한 해석도 필요로 하지 않는다. 그 상황을 다르게, 즉 아무리 '좋게' 해석하려 해도 소용이 없다. 우리가 지닌 생물학적 프로그램이 보기에 이것은 너무도 명백한 '문제 상황'이다.

질투심을 일으키는 자극을 없애려는 시도는 오래 전부터 있어 왔다. 그리고 그것은 오늘날에도 많은 문화권에서 활발히 일어나고 있다. 여러 문화권에서 여성들이 자신의 몸을 가리며 가족 외의 남성과 접촉을 피한다. 많은 종교와 권력 체계는 사람들이 생물학적 프로그램을 '나쁜 것'으로 믿게 만들어 이 모순의 해결책을 제시하는 단순한 원리에 바탕을 두고 있다. 우리가 지닌 생물학적 프로그램을 '나쁜 것'으로 믿게 만드는 건 어렵지 않다. 생물학적 프로그램이 드러내는 날것 그대로의 충동은 우리가 오래도록 간직한 많은 이상들과 쉽게 충돌한다는 것을 우리 스스로 알고 있다. 자유연애? 관용? 정절? 죽음이 우리를 갈라놓을 때까지? 사랑하는 연인이 다른 사람과 눈이 맞아 달아나는 순간, 우리는 자신의 생존이 위협받는다고 느낀다. 그러면 더 이상 한가하게 이런 이상에 매달릴 수 없다. 우리는 무언가 다른 것에 사로잡힌다. 자신이 누구인지도 알아보지 못한다. 이제 악마가 된다 한들 그리 이상한 일이 아니다.

생물학적 프로그램을 다루는 새로운 방식

안타깝게도 엑소시즘(악령 쫓기)은 언제나 실패한다. 우리는 자신의 생물학적 프로그램이 기도나 합리화로 없애거나 효과적으로 억누를 수 없음을 거듭 깨닫는다. 생물학적 프로그램은 수백만 년의 진화를 거치는 과정에서 우리가 대항할 수 있는 존재가 아님을 계속해서 증명했다. 그리고 그렇게 함으로써 인간 종의 생존을 보장해왔다는 사실을 우리는 기억해야 한다. 몇 년은 물론이고 몇 백 년 안에 우리의 생물학적 프로그램을 바꿀 수 있다고 믿는다면 순진한 생각이다. 그러나 분명한 것은, 우리가 자신의 생물학적 프로그램을 새롭게 다루는 방식을 찾을 수 있다는 사실이다. 첫째는 감각 충동의 방아쇠를 당기는 자극을 주의 깊게 다루는 것이고, 둘째는 우리 내면에 존재하는 감각 충동을 기꺼이 느끼면서 그것을 자기 안에 지니고 있다는 사실을 의식적으로 자각하는 것이다.

생물학적 프로그램 다루기

* 자극을 주의 깊게 다룬다
* 내 안에 지니고 있는 감각을 느낀다

자극을 주의 깊게 다루기

우리는 자극을 주의 깊게 다룸으로써 자극이 우리에게 중요함을 알고 그에 따라 그것을 적절히 다루고 싶다는 뜻을 나타낼 수 있다. 그러나 많은 문화권에서 자극을 '나쁜 것'으로 비난한다. 사회 전체가 자극을 피해야 한다는 전제에 서 있다. 이렇게 되면 우리를 건드리는 자극 하나하나에 극도로 민감한 반응을 보이게 된다. 가령, 손목을 드러낸 이성을 보는 것만으로 강렬한 성적 욕망이 일어난다.

또 어떤 문화권에서는 이와 반대 현상이 나타난다. 각종 상업 광고는 우리의 특정한 생물학적 프로그램을 의도적으로 일으킨다. 확실한 구매 의욕을 일으키려고 특정 자극을 고의적으로 사용하는 것이다. 광고 산업 전체가 자극을 만들어내고 이 자극으로 일어난 생물학적 프로그램을 충족시키는 것을 목표로 한다. 그러나 진정한 만족은 처음부터 가로막혀 있다. 유혹적인 포즈의 반나체 이미지와 수없이 마주해도 실제 성관계를 맺을 수 없으며, 그 결과 우리의 감각은 점점 둔해진다. 우리를 자극하려면 끝없이 더 강한 자극이 필요하다.

자극을 주의 깊게 다루는 법을 찾는다는 것은 자극에 탐닉하지도, 그렇다고 자극을 완전히 피하지도 않는다는 의미다. 이것을 질투의 사례에 대입해보자. 이때 자극에 탐닉한다는 것은 당신의 연인이 이성과 나누는 대화를 뚫어져라 지켜보며 그가 즐거운 시간을 보낸다는 징후를 철저히 감시한다는 뜻이다. 이것은 당연히 질투의 느낌을 강도 높게 자극한다. 질투의 느낌이 '그건 절대적으로 잘못된 일'이라는 절대신념과 결합하면 연애 드라마의 좋은 소재가 된다. 비극적이게도 이렇게 되면 종종 연인이 우리로부터 돌아서는데 우리는 이것을 보며 애당초 자신이 느낀 질투가 정당했다고 더욱 확신한다.

그렇다면 질투의 사례에서 자극을 완전히 피한다는 것은 어떤 의미일까. 그것은 연인이 매력적인 이성과 한마디도 나누지 못하도록 감시한다는 뜻이다. 이 방법을 택하는 사람은 이렇게 하면 자신의 생물학적 프로그램이 사라진다는 잘못된 확신을 지니고 있다. 사실 이 방법을 택한 많은 커플은 이와 정반대의 사실을 확인할 뿐이다. 자극을 피하면 그것에 더욱 민감해진다는 사실 말이다. 결과는 악순환이다. 우편배달부와 만나는 것만으로 심각한 문제가 될 수 있다(영화 〈포스트맨은 벨을 두 번 울린다〉는 자신의 불륜을 위해 남편을 살해하는 여인의 이야기를 통해 미국의 비인간적인 생활상과 비리를 그린 멜로스릴러다. 1981년 제작된 미국영화-옮긴이).

자극에 탐닉하거나 회피하는 양극단의 방법에는 공통점이 있다. 우리가 지닌 생물학적 프로그램을 이겨내려 하지만 결국엔 실패하고 만다는 점이다. 자극에 탐닉하는 방법이 실패하는 이유는 생물학적 프로그램을 촉발하는 자극과 정면으로 맞붙다보면 더 이상 다룰 수 없을 만큼 감각이 강해진다는 점 때문이다. 이때 우리는 실제 상황과 연결되지 못한 채 평소 연인에게 하지 않을 행동을 저지르고 만다. 정상적인 상황에서라면, 그리고 생물학적 프로그램이 활성화되지 않았다면 연인의 신의가 문제되지 않았을 것이다. 한편, 자극을 완전히 피하는 방법은 애당초 자극 방아쇠를 당기지 않는 방식으로 생물학적 프로그램을 없애려는 시도이다. 하지만 이 역시 우리의 생물학적 프로그램을 없앨 수 있다는 잘못된 전제에 바탕을 두고 있다. 그러나 우리의 생물학적 프로그램은 결코 없앨 수 없다는 점에서 두 시도 모두 실패할 수밖에 없다. 생물학적 프로그램을 쉽게 이겨낼 수 있었다면 인간이라는 종은 이미 오래 전에 사라졌을 것이다.

생물학적 프로그램이 우리 본연의 일부임을 알아볼 때 우리 안에 촉발된 감각에 의식적으로 책임지는 법을 배울 수 있다. 그리고 생물학적 프로그램을 다루는 새롭고 건전한 방법을 찾을 수 있다. 생물학적 프로그램을 과하게 자극하거나 완전히 없애지 않는 식으로 자극을 주의 깊게 다룰 때 생물학적 프로그램이라는 강력한 감각과 함께하는 법을 배울 수 있다.

지니고 있다는 것은 느낀다는 것

느낌과 마찬가지로 우리는 감각과 평화롭게 지내는 법도 익힐 수 있다. 그리고 이로써 감각에 대한 통제권을 얻을 수 있다. 그러기 위해서는 특정 생물학적 프로그램이 일으키는 감각을 '느낄' 수 있어야 한다. 그럴 때에만 생물학적 프로그램을 다룰 때 우리에게 선택권이 생긴다. 앞서 '느낌'의 경우에는 어떤 식으로든 느낌이라는 감각을 제거하지 않고 그 감각이 스스로 드러나게 해야 한다고 했다.

그런데 생물학적 프로그램이 느낌, 감정, 감정적 고통과 다른 점은 주의를 기울인다고 해서 그것이 사라지거나 다른 것으로 바뀌지 않는다는 점이다. 다만, 생물학적 프로그램에 주의를 기울이면 우리 내면에 '공간'이 생긴다. 생물학적 프로그램을 어떻게 처리할지 스스로 선택할 수 있는 공간 말이다. 이 공간이 생기면 생물학적 프로그램을 무의식적으로 행동으로 드러내거나 억누를 필요가 없어진다. 또 그것이 사라졌으면 하고 기도할 필요도 없어진다. 생물학적 프로그램이 우리의 자연스런 일부임을 알기 때문이다.

마음의 능력 또는
의식 상태

책의 도입부에서 말한 다섯 가지 감각 가운데 마지막으로 마음의 능력 또는 의식 상태가 있었다. 이 현상은 느낌만큼이나 복잡하므로 몇 단락으로 다룰 수 없지만 그렇다고 전혀 다루지 않을 수도 없어 보인다.

내가 마음의 능력 또는 의식 상태로 간주하는 감각에는 예컨대 사랑, 신뢰, 공감, 받아들임, 내맡김 같은 것이 있다. 우리는 대개 이런 것을 '느낌'이라고 부른다. 하지만 이런 것들은 의식적으로 계발해야 한다는 점에서 '마음의 능력 또는 의식 상태'로 부르는 것이 더 적절해 보인다. 마음의 능력 또는 의식 상태가 느낌이나 생물학적 프로그램과 다른 점은 그것이 처음부터 우리 내면에 존재하지 않는다는 점이다. 우리는 마음의 능력과 의식 상태를 계발시키는 '잠재력'을 지니고 있을 뿐이다.

'사랑'이라는 마음의 능력

우리가 사랑의 능력에 관하여 더 폭넓게 이해하게 된 것은 사회심리학자 에리히 프롬Erich Fromm의 덕이 크다. 그는 『사랑의 기술The Art of Loving』이라는 책에서 '사랑은 우리가 익혀야 하는 기술'이라는 인상 깊은 말을 남겼다. 그럼에도 우리는 사랑이 익히고 배워야 하는 기술이라는 사실을 잊고 하늘에서 떨어진 사랑이 큐피드의 화살처럼 갑자기 나에게 찾아올 거라고 여긴다. 이렇게 알면 사랑이 사라졌을 때 우리는 거기에 책임질 필요가 없다. 그러면서 자신의 사랑하는 능력에 관한 불편한 질문을 모조리 묵살해버린다.

기쁨의 느낌을 사랑으로 착각하는 것처럼, 사람들은 사랑의 열병이나 모성본능 같은 생물학적 프로그램도 종종 사랑과 혼동한다. 그런데 이런 생물학적 프로그램은 '상대'에 관한 해석이 아니라 그가 나에게 수행하는 '역할'에 대해 해석을 내릴 때 일어난다. 상대가 자신의 역할을 문제없이 수행하는 한, 생물학적 프로그램이 그 사람으로 인해 일어나는지, 그가 수행하는 역할로 일어나는지 구별되지 않는다. 우리는 '그 사람'을 사랑한다고 스스로 납득한다. 그가 나를 위해 요리하고, 생계를 꾸리고, 자녀를 키우고, 내 자존감을 높여주기 때문에 사랑하는 것이 아니라며 스스로를 설득한다. 그가 이런 '역할'을 수행하지 못할 때에만 우리가 가진 사랑의 능력이 문제시된다. 이때 우리에게는 사랑의 능력이 필요해진다.

또 사랑은 내키지 않는 상대의 여러 가지 면을 받아들이는 것을 의미한다. 사랑에 빠지면 신체의 호르몬이 분비되듯이 한 사람의 모든 면을 좋아하는 한 사랑의 능력은 필요하지 않다. 그는 사랑에 대한 우리의 욕구를 채워준다. 우리는 이것을 '잘된 일'로 지각하며 그 결과 기쁨을 느낀다.

그러나 사랑은 마음에 들지 '않는' 상대의 일부와 마주할 때에만 작동한다. 사랑이란 마음에 들지 '않는' 상대의 일면을 내가 싫어한다는 사실을 외면하지 않은 채 그것을 그의 온전함의 일부로 받아들이는 능력이다. 상대의 일면을 싫어한다는 사실을 외면할 때 우리는 자신에 대한 사랑을 잊는다. 이것은 사랑이 아니라 자기부정에 지나지 않는다.

진정한 사랑이란 언제나 반대되는 것과 화해하는 일이다. 진정한 사랑은 어떤 일을 '잘못된 일' '안타까운 일'로 해석하면서도 그 일을 받아들이는 능력을 말한다. 진정한 사랑을 갖출 때 우리는 자신의 입장을 표명하면서 그 일과 관계 맺는다. 이때 자기 입장을 절대신념으로 비화해 상대의 일면을 '절대적으로 잘못된 일'로 판단한다면 사랑은 사라지고 만다.

이 점에서 건강하고 튼튼한 슬픔의 힘은 사랑의 능력을 키우는 중요한 열쇠가 된다. 슬픔의 힘을 통해 우리는 상대가 지금과 달라지기를 바라면서도 자신의 욕구와 연결한 채로 지금 일어나는 일을 받아들일 수 있다. 상대가 어떤 사람인지, 그가 지금 어떤 상태인지도 받아들일 수 있다.

사랑은 결단과 함께 시작된다

여느 기술을 익히는 것과 마찬가지로 사랑의 능력을 키우는 데도 내면의 굳건한 헌신과 끊임없는 연습이 필요하다. 특정한 마음의 능력을 키우려면 의식적인 결단을 내려야 한다. 마음의 능력을 키우는 일은 저절로 일어나지 않는다.

그 다음 단계는 무엇과도 비길 수 없는 사랑의 능력에 스스로 익숙해지고 그 능력을 더 잘 익히는 것이다. 내가 보기에 한 사람에게서 그리고 우리의 삶 전체에서 기쁨을 발견하는 능력이야말로 사랑의 고유한 특징이다. 그 사람이나 삶이 완벽하지 않아도(또는 완벽하지 않기 때문에) 그 사람과 삶을 아름답다고 알아보는 것이야말로 사랑의 능력이다. 사랑은 상대방과 전체 삶에 깃든 온전함을 알아보고 그것과 존중어린 상호작용을 하는 중에 가장 중요하게 자신을 드

느낌은 어떻게 삶의 힘이 되는가

러낸다. 사랑은 있는 그대로의 것 뒤에 있는 비밀을 알아보고 그것에 깊은 경의를 표한다.

특정한 마음의 능력을 키우는 것은 평생에 걸친 배움의 과정이다. 마음의 능력이 지닌 본질에 가닿고 그것을 심화시키는 데는 오랜 시간이 걸린다. 유심히 들여다보면 마음의 능력은 다른 현상과 무관하게 독립적으로 일어나는 일이 아님을 알 수 있다. 주의 깊음을 기르면 사랑의 능력이 커지고 사랑의 능력을 기르면 주의 깊음이 커진다. 사랑의 능력뿐 아니라 다른 마음의 능력도 마찬가지다. 어떤 의미에서 각각의 마음의 능력은 우리를 특정한 의식 상태로 안내하는 문이라고 할 수 있다. 이 의식 상태에 있을 때 우리는 감사하고 사랑하며 신뢰하는 존재, 다른 존재와 연결된 존재로 자신을 바라본다.

의식 상태가 외부 상황에 좌우되지 않고 자기 내면에서 깊은 평화의 감각을 느낀다면 이것은 우리가 이 의식 상태를 진정으로 경험하고 있다는 표시이다. 이 평화의 감각은 다른 어떤 욕망보다 깊은 충족감을 우리에게 선사한다.

❋ 감정 체크리스트 ❋

다음 질문들은 나의 현재 느낌 상태를 명확히 알려주고 책에 제시한 통찰을
삶의 다양한 상황에 적용할 수 있게 한다.

1. 나는 무엇을 느끼고 있는가? 신체감각인가, 감정인가, 느낌인가, 생물
   학적 프로그램인가 아니면 의식 상태인가? ('들어가며'의 '구분하면 명
   료해진다'와 부록 '당신이 느끼는 모든 것이 느낌은 아니다', '생물학적
   프로그램' 참조)

2. 그것이 느낌이라면 나는 그 느낌을 순수한 형태로 지각하고 있는가? 아
   니면 그것은 가짜 신체감각 또는 가짜 감정인가? (9장 '느낌이 억눌려
   감정이 되다'와 16장 '신체통증에서 감정으로' 참조)

3. 그 느낌이 순수한 형태로 이미 존재하고 있다면 지금 그 느낌을 일으키고
   있는 나의 해석은 무엇인가? 그 해석은 무엇과 관련되어 있는가? (1장 '느
   낌은 어디에서 오는가'와 6장의 '연습3 내가 내리는 해석 확인하기' 참조)

4. 그 해석은 적절한가? 나와 그 상황에 관한 타당한 해석인가?(18장 '당
   신이 내리는 해석을 검토하라' 참조) 그것은 나의 개인적 해석인가 아니
   면 절대신념인가? (13장 '절대신념을 갖다'와 18장의 '연습12. 절대신
   념을 내려놓고 나의 욕구 표현하기' 참조)

느낌은 어떻게 삶의 힘이 되는가

5. 나는 느낌을 지각하도록 나에게 허용하고 하고 있는가?(15장 '느낌은 배울 수 있다' 참조)

6. 나는 힘이 작용하도록 허용하고 있는가? (18장의 '느낌과 친구 되기', 시(분노, 슬픔, 두려움, 기쁨, 수치심), '느낌의 힘이 나타나도록 허용하기' 참조)

연습 찾아보기

느낌은 어떻게 삶의 힘이 되는가

용어 해설

감각_Sensation
의식적으로 지각한 자극.

감정_Emotion
쌓이고 쌓여 흐르지 못하고 막혀버린 느낌.

관계_Relationship
두 지점이나 입장을 서로 연결하는 것. 지점과 입장에는 사람, 물체, 상황, 환경, 사건, 생각, 느낌, 태도, 말 등이 있다.

고통_Pain
어떤 것이 내가 원하는 방식이나 내가 '잘된 일'로 여기는 것과 다르다는 신호.('괴로움' 참조)

관찰하기_Observing
지금 일어나고 있는 일을 느끼지 않고, 있는 그대로 보는 것. 감정석으로 얽히지 않은 태도. 어떤 상황에 대한 검토.

괴로움_Suffering
절대신념을 지닐 때 괴로움이 일어난다. 직접 촉발되지 않고 자기 안에서 만들어진다는 점이 '고통'과. 다르다.('절대신념'과 '고통' 참조)

끔찍한 일_Terrible
두려움의 힘을 일으키는 해석.

기쁨의 힘_Power of Joy
'좋은 일', '잘된 일'이라는 해석에 의해 만들어지는 느낌. 현재의 상황이 나와 조화를 이루고 있다는 신호. 올바른 방향 또는 올바르다고 지각되는 방향이라는 신호. 지금 상황이 나에게 적합하다는 신호.

느낀다_To Feel
생각의 우회로를 거치지 않고 어떤 현상에 주의를 향하는 것. 한 대상에 집중해 주의를 기울이는 방식과 전체적으로 주의를 기울이는 두 가지 방식이 있다.('집중 지각'과 '전체 지각' 참조)

느낌_Feeling
모든 종류의 감각을 가리키는 데 사용되는 일반 용어. '순수한 느낌'의 경우 '느낌의 힘'과 동의어이다.

느낌의 힘_Power of Feeling
분노, 슬픔, 두려움, 기쁨, 수치심의 다섯
가지 느낌을 표현하는 일반 용어. 우리
가 활용 가능한 방식으로 느끼는 분노,
슬픔, 두려움, 기쁨, 수치심을 가리킨다.

두려움의 힘_Power of Fear
'끔찍한 일'이라는 해석을 내릴 때 일어
나는 느낌. 알지 못하는 것이라는 신호.

멋진 일_Beautiful
기쁨의 힘을 불러일으키는 해석.('잘된
일' 참조)

분노의 힘_Power of Anger
'잘못된 일'이라는 해석을 내릴 때 일어
나는 느낌. 행동하라는 신호.

생물학적 프로그램_Biological Program
본능. 이를테면 성적 흥분, 배고픔, 목마
름, 시기, 질투, 강한 욕망, 공격성 등에
바탕을 둔 감각.

수치심의 힘_Power of Shame
'내가 잘못한 일'이라는 해석을 내릴 때
일어나는 느낌. 지금과 다르게 변화하
라는 신호.

슬픔의 힘_Power of Sadness
'안타까운 일'이라는 해석을 내릴 때 일
어나는 느낌. 받아들이라는 신호.

신체감각_Physical Sensation
의식적으로 지각된 자극. 주로 촉각을
통해 지각된다.

안타까운 일_Unfortunate
슬픔의 힘을 일으키는 해석.

의식_Consciousness
지각하는 것.

입장_Position
특정 시점에 '내가 누구인가'에 관한 정
의. 내가 내리는 해석의 총합이다.('해석'
참조)

자극_Stimulus
감각기관을 통해 받아들여진 뒤 뇌에
전달되는 정보. 의식적으로 지각하는
자극을 '감각'이라고 한다.

잘된 일_Right
기쁨의 힘을 불러일으키는 해석.('멋진
일' 참조)

잘못된 일_Wrong
바깥을 향할 때 분노의 힘을 일으키는 해석. 자기 내면을 향할 때는 수치심의 힘을 일으킨다.('죄책감' 참조)

전체 지각_General perception
느낌의 두 가지 방식 가운데 하나. 모든 자극에 골고루 주의를 보낸다는 점에서 집중 지각과 구별된다. 전체를 감지하게 한다.

절대신념_Absolute
내가 내리는 해석이 개인적 입장을 반영하는 것이 아니라 절대적인 사실이라고 여기는 믿음. '감정적 괴로움'의 근원이 된다.

죄책감_Guilty
수치심의 힘을 일으키는 해석.('잘못된 일' 참조)

주의_Attention
특정 대상에 의식을 향하는 것.

집중 지각_Focused Perception
느낌의 두 가지 방식 가운데 하나. 특정 영역에 집중한다는 점에서 전체 지각과 구별된다. 대상이 드러나게 한다.

해석_Interpretation
특정 상황에서 취하는 개인의 입장. 특정한 느낌의 힘이 일어나도록 방아쇠를 당기는 생각.

힘_Power
활용 가능한 에너지.

• Berns, Gregory: *Satisfaction—The Science of Finding True Fulfillment*, Henry Holt, New York, 2005.

• Groll, Johann: SPIEGEL-GESPRÄCH with Antonio Damasio "Auch Schnecken haben Emotionen," Der Spiegel, volume 49, 12/01/2003, pp. 200.

• Reuters/ABC News, 2004

• Klein Stefan: *The Science of Happiness: How Our Brains Make Us Happy—and What We Can Do to Get Happier, Marlowe, New York*, 2006.

• Elkin, I.; Shea M. T.; Watkins, J. T. et al. (1989): National Institute of Mental Health Treatment of Depression Collaborative Research Program—General effectiveness of treatments, Archives of General Psychiatry, 46, 971-982.

• Moyers, Bill: *Healing and the Mind*, Doubleday, New York, 1993, pp. 62.

• Tilghman, Andrew: "Encountering Steven Green," Washington Post, 07/30/2006, pp. B01.

• Greco, Ekert und Kroenke: "The Outcome of Physical Symptoms with Treatment of Depression," *Journal of General Internal Medicine*, Volume 19, August 2004, pp. 813-818.

• Fromm, Erich: *The Art of Loving*, Harper, New York, 1956.

• Dittmar, Vivian: Kleine Gefühlskunde für Eltren, Wie Kinder emotionale und soziale Kompetenz entwickeln, edition est, Munich, Germany, 2014, S. 76-77.

감정 나침반

이 책에 어떤 식으로든 기여한 모든 분의 이름을 밝히는 건 불가능한 일인 것 같다. 무엇보다 먼저 부모님께 감사드리고 싶다. 두 분은 느낌이 중요하다고 늘 내게 말씀해주셨다. 왜 중요한지는 결코 말씀하시지 않았지만. 모든 세미나 참가자, 보조원, 인턴들에게 감사하고 싶다. 그들이 보여준 신뢰 덕분에 이 주제를 깊이 탐구할 수 있었다. 당신들의 질문이 이 책을 낳았어요. 카이라 그레버에게 특별히 감사한다. 지난 몇 년 간 그녀가 보여준 변함없는 지지에, 그녀의 명확하고 진정성 있는 피드백에, 그리고 우리가 탐구하고 있는 것에 대한 깊은 신뢰에. 그것이 어쩌면 그녀가 알아차리고 있을 것보다 더 많은 문을 열어주었다. 독일어 원문과 그것을 영어로 번역하는 데 시간과 통찰과 언어적 능력을 제공해주신 모든 분들께 진심으로 감사드린다. 그중에서도 델리아 사피로와 프리야 케발라의 이름을 특별히 밝히고 싶다. 내가 처음에 번역한 거친 문장을 제대로 된 영어로 번역하는 데 가슴과 마음을 많이 기울여주었다. 고마워요! 업데이트 및 개정판과 관련하여 특별한 감사는 수잔 누미의 몫이다. 그녀는 새로 첨가한 부분을 번역하고 원고 전체를 수정하는 탁월한 작업을 해주었다. 이 일에 당신이 보여준 관심과 인내심에 감사드립니다.

느낌은 어떻게 삶의 힘이 되는가

빅터 프랑클을 좋아한다. J. 크리슈나무르티와 불교의 깊고 광대한 삶의 철학, 그리고 비폭력대화를 좋아한다. 어떻게 하면 지금 여기에 닻을 내리고 살아갈 수 있을까, 그리고 이것을 우리 삶 속에서 어떻게 구현할 수 있을까를 모색하다 〈자비의 대화〉라는 프로그램을 만들었다. 혼자만의 시간과 공간을 사랑하며, 사람들 속에서 따뜻함을 나누는 것도 좋아한다. 그리고 아무 말 없이 그냥 곁에 앉아 가만히 들을 수 있기를 소망한다. 일곱 살 나신 이쁜 손녀와 함께 있을 때 이 분에게서 받는 밝고 활기찬 에너지에 감사하며 기쁨을 느낀다. 지금까지 우리말로 옮긴 책은 『관계에 대하여』 『삶과 죽음에 대하여』 『두려움에 대하여』 등 J. 크리슈나무르티의 On series 가운데 8권과 『내면 혁명』 그리고 부모를 위한 비폭력대화인 『부모와 자녀 사이』 그 밖에 『평정심』 『고대 하늘의 메아리』 등이 있다.

느낌은 어떻게 삶의 힘이 되는가

초판 1쇄 발행 2023년 7월 23일

지은이 비비안 디트마
옮긴이 정채현
윤문·편집 이재석
펴낸이 캐서린 한
펴낸곳 한국 NVC출판사
마케팅 권순민, 구름산책, 신소연

등록 2008년 4월 4일 제312-2008-000011호
주소 서울시 서대문구 연희로15길 78, 2층(연희동)
전화 02) 3142-5586 **팩스** 02) 325-5587
이메일 book@krnvc.org
홈페이지 www.krnvcbooks.com

ISBN 979-11-85121-39-0(03180)